MÉMOIRE

SUR CETTE QUESTION :

DES DIFFÉRENTES VOIES DE COMMUNICATION QU'ON PEUT ÉTABLIR

ENTRE VITRY ET GRAY ;

QUELLE EST CELLE QUI SERVIRA LE MIEUX LE COMMERCE GÉNÉRAL DU ROYAUME

ET L'INDUSTRIE LOCALE ?

V

73010

Nota préliminaire. — On trouvera dans ce mémoire quelque chose de plus que ce qui est indiqué par le titre.

On y verra, entre autres choses, combien la circonspection est nécessaire aux personnes qui désirent de placer des fonds dans les entreprises de chemins de fer.

Quiconque parcourt la Belgique y remarque, sur le chemin de fer, un mouvement d'hommes et de marchandises, dont la vivacité surprend et séduit l'imagination. L'admiration nous électrise en quelque sorte. Quelle activité féconde! s'écrie-t-on; quelle gloire pour le gouvernement qui a créé ce merveilleux ouvrage! Hâtons-nous d'en avoir de semblables dans notre patrie!... Et l'on a raison de s'écrier ainsi.

Toutefois, la poésie étant un conseiller suspect quand il s'agit de placer de l'argent, prions le froid calcul de nous dire comment les fortunes particulières peuvent découler de là? Qui est-ce qui puise à cette source de vie? à qui profite-t-elle? Elle profite à tous les citoyens, à la nation belge prise dans son ensemble; elle enrichit l'État en attirant les étrangers dans le royaume, en accélérant la conclusion d'une foule d'affaires, et en grossissant les recettes publiques indirectes. Quant aux deniers qu'elle verse directement dans les caisses du fisc, c'est peu de chose.

Si, au lieu de l'État, une compagnie concessionnaire eût exécuté le rail-way, l'œuvre poétique n'existerait pas moins, mais la compagnie serait ruinée. En voici la preuve :

Lorsqu'on aura substitué des constructions définitives aux bâtiments provisoires des stations, et posé partout la seconde voie, la dépense d'établissement du chemin belge (en ayant égard à l'intérêt des fonds pendant la durée des travaux) atteindra, ou très-peu s'en faut, 220 millions.

Mettons que la compagnie ait pu se procurer les 220 millions, moyennant un intérêt de 4 pour cent, sa dépense annuelle s'élèvera :

Pour le service des arrérages, à. . . . . 8,800,000 fr.

Pour l'amortissement de la dette, et pour le dépérissement successif du matériel, environ. 4,500,000

Pour l'entretien journalier du chemin, calculé sur le résultat de l'année 1844, qui est celle où, pour chaque kilomètre, l'on a dépensé le moins. 5,760,000

Dépense totale annuelle pour la compagnie. . . . 19,060,000 fr.

Le chemin est exploité dans toutes ses parties, aussi complétement que s'il y avait partout deux voies; et la plus forte recette qu'on ait obtenue jusqu'à présent a été de.. 11,230,000

Déficit annuel qu'aurait éprouvé la compagnie depuis que le chemin de fer est en exploitation. . . 7 à 8 millions.

Ainsi, cette belle entreprise, qui contribue si puissamment à la richesse de l'État, aurait causé la ruine, sinon peut-être des financiers fondateurs de la compagnie, du moins de la compagnie elle-même.

Certaines parties choisies du chemin belge (par exemple l'intervalle d'entre Anvers et Bruxelles), auraient donné sans doute des profits positifs à une association de capitalistes, comme le font en France les chemins d'Orléans et de Rouen, et comme le feront partout les lignes où les voyageurs afflueront en très-grand nombre. Mais on voit que la circulation moyenne n'est point capable, en Belgique, de rémunérer convenablement une société d'actionnaires. Qu'arrivera-t-il donc en France, où la circulation moyenne est sensiblement moindre qu'en Belgique? Qu'arrivera-t-il, à plus forte raison, de certains chemins où la circulation sera chez nous au-dessous de la circulation moyenne?

Si nous considérons les voies navigables, il y en a également qu'une compagnie serait folle d'entreprendre; mais il y en a qui peuvent fournir matière à de lucratives spéculations.

Le canal de Bruxelles à Charleroy, en Belgique ; le canal de Saint-Quentin, en France, rendent, en produit net annuel, plus de 10 pour cent de ce qu'ils ont coûté. La navigation de l'Oise rend, je crois, 15 à 18. En choisissant bien les places, on trouverait à créer d'autres canaux qui promettraient des résultats analogues.

Entre les chemins de fer et les canaux, on doit toutefois établir une distinction très-importante :

Des uns et des autres on peut dire : tarifs trop hauts, plus de mouvement; tarifs trop bas, plus de produits rémunérateurs. Mais, pour un chemin de fer, l'espace où l'on peut se mouvoir entre ces deux excès également ruineux est beaucoup plus resserré qu'il ne l'est pour un canal. Les tarifs des voies navigables peuvent descendre bien plus bas que ceux des chemins de fer, et par ce moyen déterminer le mouvement de très-grandes quantités de marchandises que le chemin de fer ne ferait point bouger.

Posons-nous cette question : si la Belgique était condamnée à perdre ou ses canaux ou ses chemins de fer, l'un ou l'autre sacrifice serait un immense malheur; mais enfin, s'il fallait absolument subir, ou l'un, ou l'autre?

Dans une pareille alternative, on devrait renoncer aux chemins de fer; car les grandes routes seraient en état d'exécuter, beaucoup moins promptement sans doute, mais presque au même prix, le travail des rail-ways. Elles ne seraient point de même capables de remplacer les voies navigables.

Si l'on venait à supprimer celles-ci, les trois quarts des grosses denrées, si nécessaires au bien-être du peuple, ne circuleraient plus, parce qu'il ne pourrait plus en payer le transport. Mieux vaut sauver le champ de blé qui fournit une nourriture indispensable, que le verger d'où l'on tire des fruits délicieux et salutaires, desquels néanmoins on peut se priver sans que l'existence soit compromise.

Les personnes qui auront la patience de lire ce mémoire y trouveront des observations propres à justifier ce que nous venons de dire.

Le mémoire est divisé en six chapitres.

MÉMOIRE

SUR CETTE QUESTION :

DES DIFFÉRENTES VOIES DE COMMUNICATION QU'ON PEUT ÉTABLIR
ENTRE VITRY ET GRAY,
QUELLE EST CELLE QUI SERVIRA LE MIEUX LE COMMERCE GÉNÉRAL DU ROYAUME,
ET L'INDUSTRIE LOCALE ?

CHAPITRE PREMIER.

Entrée en matière.

L'établissement d'une voie économique de communication entre la vallée de la Haute-Marne et celle de la Haute-Saône a été souvent sollicité, par les chambres de commerce, par les conseils généraux de département, par les administrateurs locaux,... et personne, je crois, ne révoque en doute la nécessité d'une pareille création.

Plusieurs considérations justifient cette nécessité : nous en exposerons ici une seule. La voie dont nous parlons traverserait des départements où le minerai de fer se trouve en abondance, où il coûte peu, et où il est en général de fort bonne qualité. Aussi le pays est-il tout couvert de forges et de hauts fourneaux, dont la plupart datent d'une époque où le fer se vendait plus cher, et où le bois était à meilleur marché que maintenant. Aujourd'hui, malgré leur position au milieu des mines, malgré le besoin de fer que la France éprouve de tous côtés, les usines métallurgiques de la Haute-Marne sont en grande souffrance, et beaucoup de feux de forge ont dû être éteints, parce que les propriétaires de ces établissements manquent de moyens pour faire venir à bas prix le combustible minéral dont ils ne peuvent plus se passer, et pour envoyer au loin la marchandise fabriquée. La cherté des transports par la grande route comprime l'industrie dans ce canton, l'empêche de profiter du bien que la nature lui avait départi, et la condamne à un état de gêne, dont on peut dire que la France entière se ressent; car le prix des fers de la haute Champagne a toujours exercé une notable influence sur le prix courant des fers dans le royaume.

Si la Haute-Marne pouvait fabriquer sans perte tout le fer dont son territoire produit la matière, la France ne serait plus obligée de recourir à l'Angleterre et à la Belgique pour obtenir ce métal à un prix modéré, et l'une des plus fortes objections contre la suppression des douanes sur la frontière belge serait levée.

Tout le monde, avons-nous dit, s'accorde à reconnaître la nécessité d'une voie économique de transport entre la Haute-Marne et la Haute-Saône. Mais cette voie sera-t-elle un canal de navigation? sera-t-elle un chemin de fer? Là-dessus le même accord ne se rencontre point. Les uns voyant, d'une part, la Marne et toutes les lignes de navigation de l'Est et du Nord, de l'autre, la Saône et toutes les lignes de navigation du Midi, voudraient une voie navigable; les autres, émerveillés de la puissance des chemins de fer, demandent un chemin de fer.

Ayant donné quelques soins à l'étude de cette question, j'ai pensé que je ferais une chose utile, que j'accomplirais même une espèce de devoir, en disant comment je la résoudrais, et en exposant pourquoi je me range du côté des personnes qui, dans le cas actuel, préfèrent un canal de navigation à un chemin de fer.

Cet écrit n'a point d'autre objet. On ne doit y chercher que

l'examen d'une proposition particulière et bien définie. Né-
cessairement, j'alléguerai des exemples recueillis de différents
côtés ; mais je déclare n'avoir pas le moins du monde l'intention de parler contre les chemins de fer en général, pas même,
en un certain sens, contre celui de la Haute-Marne. Il sera,
dans ce mémoire, un simple objet de comparaison : je ne le
combats point autrement. Personne plus que moi n'admire et
n'apprécie ces merveilleux instruments de la civilisation mo-
derne, ni ne désire davantage d'en voir établir un grand nombre dans notre pays. Toutefois, le suffrage que je leur accorde
avec tout le monde étant le fruit de la réflexion, non de
l'enthousiasme, il ne me rend pas exclusif en leur faveur.

Les canaux, tout aussi bien que les chemins de fer, sont
nécessaires pour la prospérité de la France. Leur concours
assure et consolide celle de la Belgique, où nous les voyons
lutter côte à côte à qui procurera le plus d'avantages à la po-
pulation de ce royaume. Là, comme ailleurs, on paraît avoir
cru un moment que l'achèvement du rail-way pourrait rendre
les canaux inutiles. On y est bien revenu maintenant d'une
pareille illusion, qui est encore à détruire parmi nous.

Chacune de ces voies de transport a des qualités et des fonc-
tions qui lui sont propres, de même que la cavalerie et l'in-
fanterie dans une armée. Ecarter l'une en toute occasion, et
ne vouloir jamais se servir que de l'autre, ce serait folie ; et
l'on semblerait prendre plaisir à mettre à côté du but ; car
elles ne sont point capables de se suppléer en toutes choses.

Les moyens, dans chaque espèce, doivent être choisis pour
le succès et appropriés à l'objet que l'on a en vue.

S'agira-t-il, par exemple, de satisfaire à la condition d'aller
de Paris à Bordeaux dans le moindre temps possible? un rail-
way seul offrira la solution désirée.

Si, au lieu de cela, on dit : La production du fer à bon marché étant d'intérêt national, donnez-nous une voie qui fasse
baisser jusqu'à leur limite inférieure les prix de fabrication

dans le groupe de Champagne; alors la satisfaction demandée ne pourra être obtenue que par un canal unissant la Marne à la Saône.

Voudrait-on enfin obtenir tout à la fois, et la plus grande célérité, et le plus bas prix (c'est le cas qui se présentera le plus fréquemment)? alors, établissons et l'une et l'autre voie. La Belgique nous offre à cet égard d'heureux exemples. Afin d'avoir aussi les nôtres, canalisons la Seine à côté du chemin de fer de Rouen; construisons le rail-way de Saint-Quentin sur le bord de l'Oise et des canaux qui la prolongent; menons de front une voie navigable et un rail-way vers Strasbourg et vers Saarbruck...

Autant de cas, autant de solutions. On voudra donc bien ne rien voir de général dans ce que nous dirons, et se souvenir que nous examinons ici un exemple particulier, sans prétendre appliquer à d'autres cas et à d'autres circonstances les raisonnements et les calculs dans lesquels nous entrerons.

Cet avertissement, cette espèce de précaution oratoire, nous a paru indispensable, dans un moment où les voies de navigation ne sont pas en crédit, et où la plupart des esprits sont comme enivrés par la fumée des chemins de fer. Il n'est point de spéculateur qui ne tourne aujourd'hui son attention et ses vues de ce dernier côté; et je m'attends à rencontrer de la prévention et un préjugé défavorable chez beaucoup de lecteurs. Je supplie donc derechef ceux qui me liront, de se tenir en garde contre l'épidémie et la fièvre du moment, et de ne se décider que sur des raisonnements et des calculs irréprochables.

On sait que M. le ministre des travaux publics a présenté à la chambre des députés, le 12 mars 1845, la demande d'un crédit de 14 millions, pour exécuter le premier tiers du canal de la Marne à la Saône. La chambre ayant nommé une commission de neuf membres pour examiner cette proposition, la majorité de la commission a été d'avis que l'on portât le crédit, de 14, à 24 millions, afin de pouvoir exécuter sans retard la moitié du canal. Le ministère a adhéré à cet amendement. La chambre n'a pas encore délibéré, et l'affaire est à l'état de rapport.

Les choses paraissent donc en bon chemin. Toutefois, depuis la dernière session des chambres, l'opposition ennemie systématique des canaux a fait quelques recrues dans le département de la Haute-Marne. J'ai entendu dire et répéter que le canal de la Marne à la Saône ne produirait aucun bon effet qu'on ne pût attendre d'un chemin de fer; qu'ainsi le chemin de fer ayant toutes les qualités d'un bon canal, et, de plus, des qualités qui lui sont propres, il devait être préféré. Ces discours, maintes fois reproduits, quoique non appuyés de preuves, ont néanmoins trouvé crédit auprès du conseil général du département de la Haute-Marne, et ont enfin obtenu de lui une démonstration, selon nous, regrettable. Cédant à l'entraînement, et revenant sur plusieurs délibérations antérieures, par lesquelles il avait sollicité avec instance l'établissement d'une voie navigable, il a transformé sa demande en celle d'un chemin de fer.

Une manifestation de cette nature pourrait faire hésiter quelques députés, et même refroidir le ministère. Abandonnons ceux qui s'abandonnent, pourra-t-on dire. Nous espérons que le gouvernement et les chambres ne feront point subir au pays les conséquences d'un souhait aveugle; résultat, non d'une conviction froide, mais de ce genre de persuasion que le fanatisme produit. Tous les jours, nous obéissons avec une sincérité entière, et dès lors respectable, aux préjugés de notre époque et à l'impulsion de l'opinion dominante. Nous l'imputer à crime et nous en punir, ce serait manquer de tolérance et de justice.

CHAPITRE II.

Observations sur le dernier avis du conseil général de la Haute-Marne.

Je me trouvais de passage à Chaumont, à l'époque où le conseil général du département de la Haute-Marne y était assemblé. Il me fit l'honneur de m'inviter à une séance, où l'on s'est entretenu du canal et du chemin de fer. J'ai connu là, et hors de là, quelques-unes des objections élevées contre le projet de canal. J'en parlerai dans ce chapitre.

I

On objecte que, dans les environs de Langres, point culminant du canal, les cours d'eau sont très-peu abondants en été, et l'on craint que l'alimentation du canal ne soit pas bien assurée.

Les cours d'eau naturels seraient, en effet, impuissants pour fournir aux besoins de la navigation pendant l'été; mais le pays offre plusieurs emplacements favorables, pour la formation de réservoirs, où les eaux s'accumuleront en hiver et dans les moments de pluie. Quand la saison aura trop amaigri les sources et les ruisseaux, on tirera de ces réservoirs, de ces espèces de magasins, des cours d'eau artificiels, qui suppléeront à l'insuffisance des premiers. C'est ainsi que le canal du Midi, le canal de Bourgogne et une foule d'autres, sont entretenus navigables au temps des sécheresses.

Dans l'évaluation des dépenses du canal de la Marne à la Saône, on a fait entrer les frais d'établissement des réservoirs, et le conseil général des ponts et chaussées a reconnu que les moyens d'alimentation proposés ne laissaient rien à désirer.

Ce point capital, l'un des plus importants de tous dans la question qui nous occupe, a été l'un des mieux étudiés. Les réservoirs sont vastes ; les rigoles sont courtes ; les digues ne sont point hautes ; et, sous ce point de vue, le problème de l'alimentation est plus heureusement résolu que pour le canal de Bourgogne et pour le canal du Midi.

En Belgique, et même en France, il existe des canaux très-fréquentés (1) où, lorsque les sécheresses diminuent trop le volume des eaux dans la partie haute du canal, on y en fait remonter au moyen de machines. Des réservoirs sont un moyen d'alimentation plus simple et plus sûr.

II

Mais le lit du canal sera ouvert, en plusieurs endroits, dans des terrains pierreux, où l'on peut craindre des fuites d'eau, capables de consommer en pure perte celle que l'on aura laborieusement recueillie.

Ce danger a été prévu et prévenu. Dans la plupart des canaux exécutés en France jusqu'aujourd'hui, l'on a attendu, pour remédier aux fuites, que l'on en eût constaté l'importance et l'effet, en essayant préalablement le canal. Il est résulté de là des délais, quelquefois assez longs, entre l'instant de l'ouverture du canal et l'entrée en jouissance complète : ici, les travaux d'étanchement s'exécuteront en même temps

(1) Le canal de Pommerœul à Antoing, le canal de Charleroy à Bruxelles, le canal de la Sambre à l'Oise.

que le reste des ouvrages. Tous les points de la ligne où des pertes d'eau sont à craindre ont été reconnus, et la somme jugée nécessaire pour les rendre immédiatement imperméables est entrée dans le montant de l'estimation.

III

Un canal de navigation est sujet à des réparations annuelles, pendant lesquelles la marche des bateaux est interrompue. Elle l'est également durant les gelées. Un chemin de fer est exempt de cette sorte d'inconvénients.

Ces inconvénients semblent être le côté vulnérable des canaux : il ne faut pourtant pas s'en exagérer la gravité.

D'abord, les chômages n'ont pas besoin d'être annuels. C'est un ancien usage, auquel on renoncera peu à peu sur tous les canaux, et qui déjà est abandonné sur le canal du Midi ; il n'existe pas sur le canal de Bruxelles à Boom. Je présume qu'on ne l'adoptera point pour le canal de la Marne à la Saône.

Si nous cherchons ensuite à entrer dans l'appréciation du mal qui en résulte, nous reconnaîtrons que le commerce, étant averti par des affiches publiques, du jour où l'on fermera, et du jour où l'on réouvrira les canaux, prend ses mesures en conséquence, et que la servitude à laquelle il est assujetti lui est moins incommode qu'on ne paraît le supposer.

J'en ai acquis une preuve en recherchant si le chemin de fer de Charleroy à Bruxelles, lequel est parallèle à un canal, avait transporté plus de grosses marchandises pendant le dernier chômage de la navigation que pendant les autres mois de l'année ; or cela n'a point eu lieu (1). D'où il est permis de

(1) Le chômage a eu lieu en août.

Le poids des grosses marchandises confiées au rail-way parallèle au canal a été de : en avril, 11683 tonnes ; en mai, 9167 ; en juin, 8558 ; en juillet, 8900 ; en août, 7655 ; en septembre, 8298.

M. Collignon, dans son Mémoire de janvier 1845, dit (page 26) : « Quand le « canal chôme, le chemin de fer fait immédiatement une grande partie de son ser-

conclure que la gêne causée au commerce des grosses marchandises par la fermeture momentanée de la voie navigable, n'a pas été assez grande pour l'empêcher d'attendre quelques semaines, bien qu'il lui fût aisé de se servir du rail-way qui côtoie le canal.

Durant les mois d'hiver, la circulation du combustible a augmenté sur le chemin de fer de Charleroy. J'ignore si les glaces du canal ont beaucoup contribué à cette augmentation; car je la remarque également sur les chemins de fer non parallèles à des canaux.

Je trouve aussi en France un exemple digne d'attention :

Le chemin de fer d'Andrezieux à Roanne est parallèle à la Loire. La navigation de cette partie de rivière est en chômage forcé, non point pendant un mois ou six semaines, mais pendant la moitié ou les deux tiers de l'année : les moments de cessation ou de reprise de la navigation ne sont point connus d'avance; ils dépendent de la pluie et du beau temps : les bancs de sable, les rochers, les cascades, rendent la marche des bateaux difficile et périlleuse; ils ne peuvent naviguer que sur 0^m50 environ de tirant d'eau, et avec les 2/3 du chargement qu'ils sont susceptibles de porter. Aussi le prix du transport par eau est-il sensiblement plus élevé là qu'ailleurs.

Le chemin de fer, au contraire, est, tous les jours de l'année, à la disposition du commerce : il est d'environ 20 kilomètres plus court que la rivière : les concessionnaires du rail-way, au lieu de percevoir sur la houille 0 fr. 145 par tonne et par kilomètre, comme ils en ont le droit, se sont réduits à 0 fr. 094, afin d'attirer les clients. Qu'arrive-t-il

« vice. » Cela arriverait certainement en cas de presse ; mais le cas de presse est rare aux époques de chômage, surtout de chômage prévu. Au surplus, j'allègue un fait que chacun peut vérifier sur les livres du chemin de fer de Charleroy à Bruxelles. Mon relevé comprend les stations de : Ecaussines, Manage, Luttre, Gosselies, Roux, Marchienne et Charleroy, réunies.

cependant? Quel est le fruit de l'onéreux sacrifice qu'ils se sont imposé? Ils ont réussi à peine à faire de leur rail-way, *pour le transport des grosses marchandises*, une succursale de la mauvaise rivière. Les négociants continuent à attendre les caprices irréguliers de la Loire, et ne confient au chemin de fer que les fractions de charge qu'il leur est impossible de mettre sur les bateaux à Andrezieux. Il les apporte à Roanne, où la rivière, devenue plus abondante en eau, permet de compléter le chargement des barques. Le poids des grosses marchandises, descendues à Roanne en 1842, a été : par la Loire, de 85,391 tonnes; par le chemin de fer, de 57,185 tonnes. Que serait-il resté à celui-ci, si les sapines et les toues avaient pu partir d'Andrezieux à charge pleine?

Il lui serait resté, car nous ne prétendons aucunement critiquer ici l'établissement du chemin de fer d'Andrezieux à Roanne; il lui serait resté le transport de tous les voyageurs et des marchandises de prix, pour lesquelles 3 ou 4 francs de plus ou de moins par 1000 kilogrammes ne sont pas une affaire. C'est là ce qui le fait vivre et le conservera.

Si l'on supprimait tout à fait la navigation de la Loire, croit-on que l'on vît refluer sur le rail-way les 85,000 tonnes de houille? On se tromperait. 3 ou 4 francs de plus par 1000 kilogrammes de houille, qui ne valent à Saint-Etienne que 7 à 8 francs, en arrêteraient la consommation; et les usines, qui ne pourraient supporter cette augmentation de charges, cesseraient de travailler.

Si le chemin de fer de Vitry à Gray ne devait transporter que du sucre, du café, de la marée fraîche, oh! alors, qu'on le préfère au canal, nous y souscrivons volontiers. Mais c'est principalement la houille, le fer, la pierre, le minerai, les grains, qu'on se propose de lui confier, cela change la face de la question. Choisissons une machine capable de produire l'effet dont nous avons besoin. Si le département de la Haute-Marne n'est traversé que par un rail-way, moyen de transport

commode et rapide, mais peu économique, la consommation
de la houille et la production du fer ne s'y accroîtront pas
beaucoup; au lieu que si le pays possède une voie navigable,
on y verra, en très-peu de temps, doubler, tripler, quadrupler,
la consommation de houille... mais je m'engage trop loin.
Je tenais seulement à établir que les chômages momentanés
des canaux, surtout quand l'époque en est déterminée d'a-
vance, ne sont pas une gêne bien grave pour le commerce.

IV

On craint que l'exécution du canal ne soit trop lente, et l'on allègue
l'exemple de canaux, dont l'achèvement a été, en effet, trop longtemps attendu.

Il n'est pas raisonnable de reprocher à certains canaux la
lenteur avec laquelle on a réalisé les fonds employés pour les
construire; cela est étranger à la nature du travail. Le canal
de la Sensée, le canal de la Bassée, le canal de l'Oise, ont été
menés à fin en fort peu de temps, parce que la réalisation
des fonds n'a point langui. La construction du chemin de fer
durera vingt ans, si l'on ne met en distribution chaque année
qu'un vingtième du capital; et le canal pourra être ouvert aux
bateaux au bout de cinq ou six années, si des moyens suffisants
sont mis à la disposition des ingénieurs. Nous le répétons, les
retards tiennent au mode d'administration, non à la nature des
choses, et nous ne saurions admettre que le gouvernement
ou une compagnie concessionnaire feront pour un chemin
de fer ce qu'ils n'auraient point fait pour un canal (1).

(1) Multiplier sur une grande table à jeu ces espèces de jetons qu'on appelle
actions, ce n'est point multiplier les véritables écus, les écus avec quoi l'on
paye des terrassiers et des maçons. Tant d'annonces de compagnies sérieuses
ne sont pas sérieuses elles-mêmes. Il y a des leurres dans le nombre; et plus
d'un chemin secondaire trompera, l'on doit s'y attendre, l'impatience et l'es-
poir des départements qui s'en promettent l'exécution prochaine.

V

On ne paraît pas éloigné d'admettre que l'usage de la voie navigable serait moins dispendieux que l'usage de la voie de fer; mais on présume que la différence serait fort peu de chose. Dix centimes par tonne et par kilomètre, pour le transport des grosses marchandises par le rail-way, sont regardés comme un prix exagéré; car une compagnie sérieuse, fortement organisée, et prête à se mettre en avant pour en entreprendre l'exécution et l'exploitation, a promis, dit-on, d'effectuer les transports pour cinq centimes, six tout au plus.

Elle peut avoir fait la promesse; il ne dépendra point d'elle de la tenir. Au surplus, 5 à 6 centimes sont encore un prix double de celui qui se paye sur certains canaux et sur certaines rivières que l'on trouvera indiqués dans le chapitre IV.

J'ai entendu des adversaires du projet de canal accorder ce point : que si le transport de la houille et des fers par le rail-way devait coûter en effet 0 fr. 10 c. par tonne et par kilomètre, le canal dans ce cas mériterait la préférence; mais on se persuade qu'il coûtera au maximum 6 centimes.

Je crois être en état de démontrer que, même avec 0 fr. 10 c. par tonne et par kilomètre, le chemin de fer de la Haute-Marne ne produirait pas d'intérêt pour les capitaux employés dans son exécution; mais la question ne pouvant pas être traitée en deux ou trois lignes, nous y consacrerons plus loin le chapitre V tout entier.

VI

Le ministère n'a proposé aux chambres que l'exécution d'une fraction du canal. Aucune garantie n'est donnée pour l'exécution de l'autre moitié. Cela effraye le conseil général, qui d'ailleurs voit avec peine dans la marche adoptée un avantage pour les houillères prussiennes de Saarbrück, et, par suite, un préjudice pour les houillères françaises de Saint-Etienne. Son inquiétude se dissiperait si, au lieu de commencer l'ouvrage du côté de la Marne, on l'entamait du côté de la Saône. Les grands besoins de houille étant à l'autre extrémité, on serait sûr alors de voir bientôt le canal prolongé jusqu'à la Marne.

La justification du ministère se trouverait dans cette considération même. Il est évident qu'il devait d'abord pourvoir au plus urgent, en commençant l'ouvrage du côté de la Marne. Toutefois, je conviens que le temps d'arrêt qu'on mettrait entre l'exécution des deux moitiés du canal serait fâcheux, et je fais des vœux pour que les moyens disponibles permettent de travailler à la fois sur toute l'étendue de la ligne, et de pousser vivement l'opération. Par là serait levée une des difficultés qui m'ont paru influer le plus sur l'opinion du conseil général de la Haute-Marne.

Les honorables membres de ce conseil désirent et demandent avec beaucoup de raison, que Saint-Étienne puisse, aux mêmes prix que Saarbrück, approvisionner de houille la vallée de la Haute-Marne, ainsi que la chose a lieu au jour où nous écrivons ceci. Mais plusieurs considérations, je crois, leur ont échappé :

1° Le mal qu'on redoute est déjà fait, le coup du moins est porté, et la conséquence en est inévitable. Le canal de la Marne au Rhin devant bientôt amener les houilles de Saarbrück jusqu'à 8 ou 10 lieues des forges de la Haute-Marne, et la houille de Saint-Étienne ne pouvant arriver par eau que jusqu'à 50 ou 40 lieues des mêmes forges, les propriétaires des usines n'emploieront plus cette dernière que le moins possible, afin d'éviter les frais du long transport par terre.

2° L'exécution de la moitié du canal ne remédiera point à cet état de choses, je le reconnais le premier, mais on s'abuse bien fort si l'on croit qu'elle le fera naitre; car, je le répète, le mal existe déjà, et l'heure où il se manifestera n'est pas éloignée. Les houilles du Midi, qui entrent maintenant pour environ 3/5 (1) dans la consommation annuelle de la Haute-

(1) Dix-huit millions de kilogrammes sur trente environ.

Marne, disparaîtront peu à peu de cette contrée, à moins que
l'on n'exécute le canal entier de la Marne à la Saône, auquel
cas les houilles de Saint-Étienne y reviendront faire concurrence aux houilles de l'Est et du Nord.

3° Le chemin de fer ne rétablirait pas entre les houilles de
Saint-Étienne et de Saarbrück l'équilibre rompu, parce que
sur ces sortes de chemins, comme sur les routes de terre, les
prix de transport sont à peu près exactement proportionnels
aux distances, et que l'on aurait toujours 30 à 40 lieues à parcourir d'un côté contre 8 à 10 de l'autre (1).

4° Bien que l'achèvement du canal entier puisse seul réta-
blir tout à fait l'équilibre dont nous parlons, l'exécution de
la moitié serait néanmoins un acheminement vers le retour
de cet équilibre si désirable.

Voilà pourquoi je m'étonne d'avoir vu le conseil général
de la Haute-Marne, composé de tant d'hommes éclairés et
amis de leur pays, demander qu'on renonçât au projet de canal pour y substituer un projet de chemin de fer. Puisse leur
vœu ne pas être funeste à leur département ; puisse-t-il ne pas
être accueilli ; puissent-ils enfin ne pas éprouver de mal pour
s'être montrés sourds à la voix d'un homme d'esprit et de
sens, qui leur disait : Gardez-vous de lâcher la proie pour
l'ombre.

VII

Nous dirons aussi deux mots au sujet d'une observation,
qui n'est point une objection contre le canal, mais que l'on
présente comme un argument en faveur du chemin de fer.

On espère que le chemin de fer de Strasbourg passera par

(1) Les frais de traction d'un bateau étant extrêmement faibles sur un canal, on ne tient souvent point compte de certaines différences dans les longueurs

Saint-Dizier, et l'on fait observer que le chemin transversal partant alors de Saint-Dizier, les dépenses à faire pour atteindre la Saône seront sensiblement réduites. Cela est indubitable ; toutefois la distance d'entre Vitry et Gray n'étant point diminuée, le prix de transport d'une de ces deux villes à l'autre ne le sera pas non plus.

Mais, ce que l'on ne paraît pas avoir remarqué, c'est que, pour la portion de rail-way comprise entre Vitry et Saint-Dizier, les frais d'établissement et d'entretien seront proportionnellement beaucoup moindres que pour la portion d'entre Saint-Dizier et Gray ; les recettes au contraire y seront plus élevées que sur le reste de la ligne. La première de ces deux portions étant dévolue à la ligne de Strasbourg, il ne restera à la compagnie chargée du chemin de Gray que la partie la plus dispendieuse et la moins productive ; ce qui rendra la condition de cette compagnie plus mauvaise.

à parcourir : par exemple, de Toulouse pour Béziers ou pour Agde, le fret est le même, quoique la distance entre ces points d'arrivée soit d'environ 20 kilom. ; à Charleroy, on charge au même prix pour Neufchâtel ou pour Berry-au-Bac (15 kilom. de différence) : ordinairement, il n'y a qu'un fret, de Tournay pour Anvers, Malines, Louvain ou Bruxelles, etc.

CHAPITRE III.

Observations sur le rapport de la commission de la chambre des députés.

Après avoir dit que la commission de la chambre des députés avait accueilli favorablement le projet de loi relatif au canal de la Marne à la Saône; qu'elle avait même étendu la proposition du gouvernement; nous devons ajouter que la commission n'a pas été unanime dans cet avis, et qu'elle ne l'a adopté qu'à la majorité de cinq voix contre quatre.

Le rapport, présenté à la chambre au nom de la commission, par M. le comte d'Angeville, développe avec étendue l'opinion de la minorité, qui était aussi l'opinion personnelle de l'honorable rapporteur.

« La minorité de la commission, y est-il dit (page 104), « pense que le département de la Haute-Marne et les intérêts « généraux du pays seront mieux desservis par un chemin de « fer que par un canal. »

La délibération du conseil général de la Haute-Marne est postérieure au rapport dont nous parlons, et celui-ci parait avoir déterminé l'avis qui a prévalu dans le conseil général (1).

---

(1) Le procès-verbal des délibérations du conseil général de la Haute-Marne fait voir que l'assemblée a voté, pour le chemin de fer et contre le canal, en s'appuyant « sur les graves raisons développées dans le savant rapport de M. le « comte d'Angeville. »

Une minorité, s'exprimant avec éloquence et avec chaleur, a entraîné la majorité d'une autre assemblée; mais la pensée qui demeure dans notre esprit, après la lecture du rapport de la commission de la chambre des députés, c'est que l'imposante minorité de cette commission était elle-même entraînée plutôt que convaincue. Ne semble-t-elle pas l'avoir senti la première, lorsqu'elle a dit (page 107) qu'elle parlait, « non « pour résoudre immédiatement la question, mais pour de- « mander l'ajournement du canal que l'on veut construire? » Est-ce bien là le moyen de décider enfin le gouvernement « à entreprendre cette jonction, dont on parle toujours sans « l'exécuter jamais? »

Les objections élevées contre le projet du canal de la Marne à la Saône, et tirées : de ce qu'auprès de Langres les cours d'eau naturels sont très-peu abondants; de ce que plusieurs terrains traversés par le canal sont pierreux et perméables; de ce que la navigation sera quelquefois interrompue à cause des réparations à faire et à cause des glaces, etc., ont été passées en revue dans le chapitre précédent; nous n'y reviendrons point ici.

L'évaluation des dépenses à faire pour l'exécution du canal monte à 50 millions. Le conseil général des ponts et chaussées, qui l'a examinée, n'y a remarqué aucune omission; mais considérant que, dans une affaire de cette importance, la prudence conseille de se réserver une forte somme à valoir, et que, en particulier, le prix des terrains à acheter est toujours un peu incertain, il a pensé qu'on ferait bien d'ajouter environ 1/10 à l'évaluation, et de la porter au chiffre total de 54,900,000 fr., soit 55 millions. *Évaluation des dépenses.*

« Il est difficile, dit la minorité de la commission (page « 106), de ne pas admettre que les 55 millions seront passés « dans une large mesure. » Elle ne s'explique pas autrement, et en même temps elle réduit l'évaluation des dépenses du chemin de fer, de 360, à 300 mille francs par kilomètre. Ce n'est

3

pas là, qu'on me permette de le dire, tenir la balance exacte. Ou acceptez les deux chiffres du gouvernement, ou repoussez-les tous deux, à moins que vous ne puissiez indiquer des articles oubliés ou trop faiblement estimés dans l'un des projets, et des articles exagérés dans l'autre. Or, c'est ce que vous ne faites point. Que l'on attaque les détails de l'évaluation montant à 55 millions, alors nous verrons si l'on peut la justifier ; jusque-là, nous ne pouvons que la réputer suffisante.

Qu'est-ce que l'opinion publique dans certaines questions?
La minorité de la commission s'exprime ainsi (page 110) : « Jusqu'en 1843 et 1844, tous les intéressés ont réclamé un « canal ; mais, depuis six mois ou un an, il s'opère une vive « réaction en faveur du chemin de fer, dans le département « même qu'on veut desservir. »

Je ne suis point de ceux qui dédaignent l'opinion publique, beaucoup s'en faut ; mais je n'aimerais pas qu'on me fît saluer un masque au lieu d'un visage, et je me demande ce que c'est qu'une opinion publique dans des questions de la nature de celle-ci. Jadis l'opinion générale voulait que le soleil tournât autour de nous. Quand certains esprits, éclairés par le raisonnement et le calcul, prétendaient que nous tournions autour de lui, on les réfutait, en leur reprochant d'introduire une nouveauté, comme on réfute aujourd'hui les défenseurs des canaux, en disant que la mode en est passée. Abandonnez *un projet vieilli*, dit la ville de Langres (page 108 du rapport) : *Les canaux sont des machines usées*, dit un membre du conseil général de la Haute-Marne (1). Singuliers caprices de notre nature, qui repoussent la vérité, tantôt parce qu'ils la trouvent trop jeune, tantôt parce qu'elle leur semble vieille ou usée !

La minorité dit elle-même (page 137) que, relativement aux questions de chemins de fer, de canaux et de rivières, « l'opinion publique se trouve dans une espèce d'anarchie. »

(1) Page 161 du procès-verbal des délibérations du conseil général (session de 1843).

Ainsi, les villes de Langres, de Vassy, et la majorité du département de la Haute-Marne, s'exposent à s'égarer quand elles résolvent, par sentiment, un problème dont la solution appartient essentiellement au calcul et à l'étude matérielle de la localité. « Si absolu qu'on puisse être en faveur des che-« mins de fer, dit la majorité (page 96), il semblerait que la « position de la Haute-Marne dût commander une exception. »

La minorité de la commission explique l'ardeur avec laquelle aujourd'hui tous les cantons du royaume demandent des chemins de fer, en disant (page 111) « que les progrès « obtenus par les chemins de fer d'Orléans et de Rouen ont « profondément modifié l'opinion du public. »

Eh quoi! séduits par la prospérité de Marseille et du Havre, voudrons-nous donc

En fameux ports de mer mettre toutes les côtes?

Il faut multiplier les chemins de fer, comme il faut multiplier les ports de mer, comme il faut multiplier les canaux; mais en cela, procédons avec discernement, car les uns, non plus que les autres, ne sauraient être également bien placés en tous lieux.

« Des préjugés défavorables ont accueilli l'établissement « des chemins de fer, non-seulement en France, mais dans « toute l'Europe. » (Page 112.)

On avait tort assurément; c'était un très-fâcheux préjugé. Il est dissipé, félicitons-nous-en; mais, en sortant d'un excès, ne tombons point dans un autre. La ville d'Oxford, qui, dans le commencement, avait, dit-on, refusé un embranchement de chemin de fer, a été heureuse de l'obtenir plus tard; de même la ville de Langres, qui repousse aujourd'hui le canal, sera trop heureuse un jour de le posséder, si l'on se décide à l'entreprendre.

On doit éviter le transbordement des marchandises.

Le canal de la Marne à la Saône a pour objet de réunir deux

belles lignes de navigation, dont l'une a plusieurs débouchés dans la mer Méditerranée ; l'autre en a plusieurs dans l'Océan, dans la mer du Nord et dans les royaumes de Prusse et de Belgique. Une fois la communication établie, les barques, chargées de marchandises diverses, passeront de l'une de ces lignes dans l'autre, à très-peu de frais, et sans que le commerce soit assujetti à des transbordements, onéreux de plusieurs manières. Ç'a été là un des principaux arguments de la majorité de la commission en faveur du projet du canal.

La minorité reconnaît le grand avantage que doit procurer au commerce une marche uniforme et continue ; mais, dit-elle (page 110), « il n'y aura, si on fait le chemin de fer de « Vitry à Gray, qu'à joindre cette dernière ville avec celle de « Dijon pour annuler cet argument et avoir une ligne de fer « complète entre Vitry et Marseille. »

On aura sans doute ainsi une ligne complète, et si les wagons peuvent passer de chemin de fer à chemin de fer, comme les bateaux passent de canal à canal, on aura évité les transbordements. Mais là n'est point toute la difficulté. Il faut savoir si les frais de transport sur le chemin de fer seront aussi faibles que sur le canal : s'ils ne le sont pas, le but sera manqué.

On doit éviter surtout les augmentations de prix.

Supposons donc qu'on ait effectué la jonction indiquée par la minorité, et, dans cette hypothèse, rendons-nous sommairement compte du prix de transport d'une tonne de grosses marchandises depuis Vitry jusqu'à Lyon.

La longueur du chemin de fer entre Vitry et Gray est comptée, par la minorité de la commission, pour 183 kilomètres. Nous croyons que c'est trop peu ; car la route de terre, qui n'est point sinueuse, en a 194, et généralement on estime que le chemin de fer en aura bien 200. Admettons toutefois 183, ci . . . . 183^k

A reporter. 183^k

Report. 185 k.

Le chemin de fer de Gray à Dijon, si l'on passe par
Auxonne, aurait 65 à 70 kilomètres ; s'il est direct, il
aura environ la longueur de la route actuelle, c'est-à-
dire. 50

La distance de Dijon à Lyon, par le chemin de fer
qu'on exécute en ce moment, sera d'environ. . . . 194

Total. . . 427 k.

A 0 f. 10 par kilomètre (page 156 du rapport de la commission), nous dépenserons, pour transporter une tonne de
grosses marchandises, depuis Vitry jusqu'à Lyon, 42 fr. 70 c.

Supposons maintenant l'existence d'une voie navigable
entre Vitry et Gray, et servons-nous du prix de 0 f. 0669 par
kilomètre, indiqué dans l'avis de la minorité (pages 151 et
153), nous aurons à payer jusqu'à la Saône 226 k. × 0 f. 0669
ou . . . . 15 fr. 12 c.

Pour le fret sur la Saône, il n'y a point d'hypothèse à faire ; on le paye tous les jours environ 8   00

Total. . . . 23 fr. 12 c.

Ainsi, avec les propres éléments de calcul posés par la minorité de la commission, éléments qui sont trop faibles pour
le chemin de fer et trop élevés pour le canal, nous trouvons
qu'une tonne de grosses marchandises, transportée de Vitry
à Lyon par bateau, coûterait 19 fr. 58 c. de moins que par le
chemin de fer. Selon nous, la différence irait à environ moitié
en sus. C'était pourtant déjà un assez bel avantage que d'économiser 19 fr. sur 42, et de pouvoir se procurer près de deux
tonnes pour le prix d'une seule.

Imaginons un manufacturier ne pouvant consacrer qu'une
certaine somme à l'achat des matières premières... ou plutôt

figurons-nous un pauvre père de famille hors d'état d'employer plus de 10 fr., par exemple, pour chauffer ses enfants pendant tout l'hiver. Le négociant s'inquiète peu de la quantité de houille que le père de famille dont nous parlons pourra se procurer avec 10 fr. On lui en donnera pour son argent : tel est le langage du commerce. Quant à nous, nous sommes fortement touchés de ce que la voie navigable lui fera obtenir pour le même prix une quantité double de combustible.

Chemins de fer et canaux comparés.

Nous n'osons point, de peur de donner trop d'étendue à ce mémoire, suivre pas à pas la minorité de la commission dans la savante dissertation où elle est entrée au sujet des voies navigables et des voies ferrées, considérées en général ; seulement, nous parlerons de deux ou trois exemples cités par elle dans l'article intitulé *Faits belges* (pages 115 à 120).

La Belgique n'a point renoncé aux canaux.

Elle croit que personne en Belgique ne songe maintenant à créer de nouveaux canaux ; et comme cependant les chambres belges ont voté, en 1842, un canal du Ruppel à Maëstricht, et, en 1845, un canal latéral à la Meuse, elle explique ces deux faits en disant :

Au sujet du premier : « C'était une petite, mais importante « lacune à combler dans un système de grande navigation. »

Et au sujet du second : « Il ne s'agit encore là que de com-« pléter une grande ligne navigable. » (Page 116.)

Ne semble-t-il pas que ces deux observations, par lesquelles la minorité justifie l'exécution des deux canaux belges, ont été formulées tout exprès pour justifier le canal de la Marne à la Saône? Est-il autre chose en effet que le complément d'une grande ligne navigable? ne comblera-t-il pas une petite, mais importante lacune dans notre système de grande navigation intérieure?

La longueur des deux portions de canal exécutées par la Belgique (81 kilomètres), comparée à la longueur des canaux

qu'elles réunissent, est beaucoup plus grande que ne l'est le
canal de la Marne à la Saône (226 kilomètres), comparé aux
réseaux de canaux qu'il mettrait en communication ; et nous
devons ajouter que le pays traversé par le canal belge a, pour
lui-même, beaucoup moins besoin d'une voie de navigation
que le pays d'entre Marne et Saône.

Outre les deux canaux dont nous venons de parler, et qui
s'exécutent aux frais de l'État, le gouvernement belge a, depuis peu, concédé à des compagnies particulières deux canaux à point de partage ; l'un, de Jemmapes à Ath et à Ter-
monde, destiné à faire concurrence à des voies navigables
déjà existantes et appartenant à l'État, l'autre, de Mons à Er-
quelines.

Ainsi la Belgique n'a point renoncé à ouvrir sur son territoire de nouveaux chemins navigables. Toute heureuse et glo-
rieuse à juste titre de son admirable réseau de chemins de
fer, elle voit fort bien cependant que ceux-ci ne sont point
capables de transporter les grosses marchandises à aussi bas
prix que le font les canaux.

Le canal de Bruxelles à Charleroy existait depuis peu d'an- *Canal de Bru-
nées et se trouvait déjà en prospérité, lorsque le gouverne- xelles à Charle-
ment belge entreprit d'établir un rail-way entre les deux mêmes roy.*
villes. La compagnie concessionnaire du canal jouissait d'un
droit de navigation très-élevé (1), et conçut de l'inquiétude en

(1) Le droit dont il s'agit est réglé d'une manière assez singulière ; par
exemple :

De Charleroy à Bruxelles, à 74 kilomètres, on paye, pour une tonne de
houille (compris retour du bateau à vide), 5 fr. 07 c. ; c'est, par kilom., 0ᶠ041

De Seneffe à Bruxelles, à 48 kilom., on paye également 5 fr. 07 c., ou
par kilom. 0,064

Venant des embranchements, la tonne de houille paye, pour environ
55 kilom., 4 fr. 07 c., ou par kilom. 0,074

Ces droits excessifs font monter le fret pour Bruxelles, à partir de Seneffe ou
des embranchements, jusqu'à 0 fr. 094 c. par tonne et par kilomètre.

voyant placer tout à côté d'elle une voie rivale beaucoup plus rapide et où la circulation ne serait grevée que d'un impôt modéré. L'État, d'une autre part, n'avait aucune envie de ruiner la compagnie ; il racheta donc la concession. Mais, soit prédilection secrète en faveur du rail-way, soit qu'il voulût tenter une expérience, il maintint l'onéreux tarif du canal.

Indépendamment des droits trop lourds dont il est chargé, le canal de Charleroy à Bruxelles a l'inconvénient grave d'être trop étroit, les écluses n'y ont que 2^m 70 de largeur, et les plus grands bateaux n'y peuvent porter que 70 tonnes, et, comme les frais pour la traction d'un bateau ne diminuent point dans le même rapport que le poids transporté, il arrive que le halage sur le canal de Charleroy coûte, par tonne, environ 1/3 en sus de ce qu'il coûte sur les grands canaux (1).

Le canal de Charleroy à Bruxelles est donc dans une situation très-désavantageuse pour lutter contre un chemin de fer. Eh bien, malgré cela, les quantités de grosses marchandises transportées par lui se sont continuellement accrues depuis l'achèvement du rail-way (2) : le poids des verreries et mar-

---

(1) Les bateliers du canal de Charleroy payent 2 fr. 50 c., par relais de 7^k00, pour le halage d'un bateau chargé de 70 tonnes, c'est par tonne et par kilom. . . . . 0 f. 0051 c.

Les bateliers du canal de Mons à Condé payent 2 fr. 75 c. (été, 2 fr 50 ; hiver, 3 fr. 00), par relais de 4 kilom. 1/2, pour le halage d'un bateau portant 160 tonnes : c'est par tonne et par kilom. 0,0058

} Rapport 4 à 5

(2)

		HOUILLES.	PAVÉS. PIERRES. CHAUX.	MARCHANDISES DIVERSES.	TOTAUX.
		tonnes.	tonnes.	tonnes.	tonnes.
	En 1841.	402,006	47,091	81,558	550,655
Le canal	1842.	451,726	47,051	95,500	574,277
a	1843.	477,045	55,525	77,157	607,527
transporté	1844.	474,180	54,594	61,803	590,577
	jusqu'au 21 nov.1845.	527,216	105,846		631,062

chandises diverses, voiturées par eau, a au contraire diminué.

Cet exemple marque très-bien la différence des services que l'on doit chercher dans un canal et dans un chemin de fer.

Le fait que nous discutons est d'autant plus digne d'être médité, que, par suite des circonstances dont nous parlions tout à l'heure, le prix du transport par eau, triple de ce qu'il est en général sur les voies navigables, s'élève ici presque au niveau du prix du rail-way (1).

La station de Manage est presque la seule où les wagons du chemin de Charleroy reçoivent une quantité notable de charbon. Sur 56,462 tonnes qu'on y a chargées, du 1ᵉʳ septembre 1844 au 1ᵉʳ septembre 1845, 17,110 tonnes seulement étaient destinées pour Bruxelles, tandis que, sur les ports de Séneffe et des embranchements, qui tous sont voisins de Manage, on a embarqué pour Bruxelles 215,225 tonnes, et cela pour économiser de 25 à 50 centimes par tonne. Tant il est vrai que le public a besoin de ne dédaigner aucune économie quand il s'agit de marchandises de peu de valeur et dont la consommation est considérable.

J'aime à vérifier, quand cela m'est possible, les choses que je lis ou que j'entends dire ; j'ai donc été moi-même recueillir sur les lieux les chiffres que je viens de rapporter (2).

J'y ai vu que le chemin de fer est tracé, non point du côté du canal, opposé aux houillères, mais presque partout entre les houillères et le canal. J'y ai vu des chemins de fer d'embranchement venant aboutir aux ports du canal. J'y ai vu enfin que l'administration du chemin de fer elle-même transporte par le canal, des rails, des billes, des briques, dont elle a be-

(1) Entre le port de Séneffe et Bruxelles, le fret a été réglé comme il suit, pour l'année 1845 : Pendant les neuf premiers mois, 4 fr. 25 c par tonne ; pendant les trois derniers, 4 fr. 75 c Le chemin de fer, depuis la station de Manage, qui est tout proche de Séneffe, jusqu'à Bruxelles, prend 5 fr. 00 par tonne pendant toute l'année.

(2) J'en ai relevé une partie sur le carnet du chef de station de Manage.

soin pour ses constructions, et que même elle a fait construire un chemin de fer d'embranchement qui amène le sable des Ballasts en un point du canal, d'où on le transporte, par bateau, vers les lieux où il doit être employé.

MM. les ingénieurs du chemin de fer de Belgique, qui, naturellement et avec raison, sont amoureux de la belle entreprise au succès de laquelle ils coopèrent si efficacement, ne se font aucune illusion sur la question qui nous occupe. Leur opinion, fondée sur l'expérience, est que, généralement parlant, le transport des marchandises sera toujours sensiblement plus dispendieux par les chemins de fer que par les voies navigables, quand les différences de longueur ne seront pas énormes.

Tout ce que nous demandons, c'est qu'on veuille bien peser de sang-froid de semblables considérations avant de repousser le projet du canal de la Marne à la Saône.

Pourquoi nous roidir contre l'évidence et alléguer une opinion publique, locale ou générale, mais abusée, et qui ne fait que répéter ce qu'elle entend proclamer sur les toits par des bouches qui ne sont pas toutes désintéressées?

Dans l'intention de faire voir que les chemins de fer sont préférables aux canaux pour le transport des grosses marchandises, la minorité de la commission dit (page 117 et 118) : Canal de Givors. « On voit succomber un ancien et bon canal, celui de Givors, « devant un chemin de fer imparfait, celui de Saint-Étienne. »

La compagnie du canal de Givors a été contrainte de baisser son monstrueux tarif (1) : c'est un effet dont tout le monde doit se féliciter.

Si, avant l'établissement d'un chemin de fer parallèle, la compagnie du canal de Charleroy, au lieu de percevoir 5 fr. 07 c. par tonne (ce qui est déjà beaucoup trop), eût perçu

_____

(1) Elle percevait 20 et 50 c. par tonne et par kilomètre.

15 fr. 00 c., pourrait-on dire, avec exactitude, que le canal, obligé de diminuer de 12 fr. 00 c. sa perception, aurait succombé devant le chemin de fer ? Ne serait-ce pas un peu abuser des mots, que de présenter comme un vaincu, comme une victime, un usurier condamné pour l'avenir à ménager davantage ses clients ?

Au reste, le canal de Givors, qui n'est pas anéanti pour avoir été rendu moins productif (1), ne remplit point le même objet que le chemin de fer de Saint-Étienne à Lyon. Si le canal partait de Saint-Étienne et qu'il arrivât à Lyon, alors la comparaison serait permise, et l'on en pourrait conclure quelque chose.

La minorité, en parlant de *la condition* que l'État devra s'imposer, de *la base* d'où il devra partir, s'il consacre des fonds à l'une ou à l'autre des voies qui sont le sujet de notre discussion, établit pour constant ce principe : « Que les capi- « taux engagés dans l'entreprise, soit du chemin de fer, soit « du canal, ne doivent rapporter aucun intérêt, ou qu'ils doi- « vent rapporter un intérêt pareil. » (Page 121.)

Doit-on grever d'un impôt égal les rail-ways et les canaux ?

Ce principe demande à être examiné. Nous ne ferons aucune difficulté de mettre en présence l'un de l'autre, sur le terrain où l'on nous place, le chemin de fer et le canal d'entre Marne et Saône ; mais, en thèse générale, nous ne saurions souscrire à une pareille doctrine.

Des moyens de communication extrêmement rapides, quelque désirables qu'ils soient, sont plutôt néanmoins l'objet d'un luxe utile, d'une nécessité relative, si l'on veut, qu'un objet de nécessité absolue. Les transports à bas prix sont, au

---

(1) La minorité dit, en note, que le tonnage du canal de Givors est tombé de 847,000 tonnes à 189,500. Nous ignorons où elle a pris ces nombres. Si nous sommes bien informés, le tonnage d'à présent ne serait pas extrêmement différent de celui d'autrefois. La recette seule serait différente, ce qui n'est pas du tout la même chose.

contraire, un objet de nécessité plutôt que de luxe. Cette différence dans les fruits à recueillir doit en amener une dans les sacrifices à faire pour les obtenir (1).

Tous les jours l'administration fait des sacrifices pécuniaires gratuits, et assurément irréprochables, pour maintenir à un taux modéré les vivres, le combustible; pour faciliter l'arrivage des objets de consommation journalière et indispensable. Elle fait faire des travaux stériles pour occuper les malheureux pendant l'hiver. Oserait-on dire que cet argent, quoique ne rapportant aucun profit palpable, n'est pas mille fois mieux placé que si l'État l'avait prêté à gros intérêts pour faire prospérer tel ou tel genre de manufactures?

Il y a donc des degrés; et l'on ne saurait placer sur un même rang le chemin de fer, qui procure la vitesse, et le canal de navigation, qui procure le bon marché; ces deux sortes de produits subvenant dans des proportions très-différentes aux nécessités du riche et du pauvre.

La règle à suivre, à ce que je crois, lorsque le gouvernement dépense un certain capital pour un travail d'utilité publique, c'est de considérer si l'ouvrage à créer doit venir en aide aux consommateurs les plus nombreux et les moins aisés, auquel cas l'impôt, c'est-à-dire, l'intérêt des fonds employés, devra être faible; ou bien, s'il est destiné à donner satisfaction aux convenances de la classe aisée de la société, auquel cas le service pourra être mis à un prix plus élevé.

Cette gradation est si équitable et si naturelle, qu'on l'observe sur les chemins de fer eux-mêmes; car, l'État, si c'est lui, une compagnie, s'il y en a, bénéficient moins sur un voyageur de deuxième classe que sur un voyageur de première; et beaucoup moins sur les grosses marchandises que sur les articles de messagerie.

(1) De fort bons articles publiés dans la *Revue des Deux-Mondes*, par M. Charles Coquelin, en juillet et septembre 1843, ont mis en lumière les avantages divers qu'un pays peut retirer des canaux qui le sillonnent.

Les canaux, qui ne porteront rien autre chose que les grosses marchandises, doivent donc être frappés d'un moindre impôt que les chemins de fer, et moins assujettis à rendre à l'État tel ou tel intérêt d'argent. Et si le gouvernement accorde une subvention à des concessionnaires pour l'exécution du canal de la Marne à la Saône, elle pourra légitimement être plus forte que celle qu'il accorderait pour un chemin de fer à établir entre les deux mêmes points.

Je sens que je m'exprime imparfaitement, assez clairement toutefois pour être compris. Il est inutile, d'ailleurs, de discourir davantage là-dessus, puisque, tout en refusant d'accepter sérieusement la maxime de la minorité, nous l'admettrons néanmoins, par hypothèse, dans les calculs que nous donnerons plus loin.

La minorité de la commission cherche ensuite à déterminer le prix de transport d'une tonne de marchandises sur un chemin de fer. Elle y arrive en prenant une moyenne entre divers exemples, et croit par là démontrer cette proposition (page 123) : « Qu'on peut actuellement transporter avec béné-« fice, sur les chemins de fer, une tonne à un kilomètre pour « 6 centimes. »

Prix de transport sur les chemins de fer.

Elle ajoute (page 124) : « Il n'est pas douteux que le prix « de 6 centimes par tonne.... ne soit prochainement appliqué « pour certaines classes de marchandises, sur la plupart des « chemins de fer. »

Et (page 125) : « En admettant 6 centimes, elle croit ne « pas faire une assez large part aux progrès qui ne peuvent « manquer de se réaliser. »

Nous ne devons pas omettre de dire que la minorité avait annoncé, dès le début (page 123), qu'elle allait parler de chemins de fer ayant *un grand courant de voyageurs*. Oubliant plus tard cette restriction prudente, qui mettait un contrepoids énorme dans la balance, elle applique les conclusions générales précitées, au chemin de fer de Vitry à Gray (1).

Nous croyons que la minorité, dont nous n'avons pas dessein d'ailleurs de contrôler les chiffres, n'a point procédé d'une manière assez sûre; car les prix, pour le chemin de Vitry à Gray, devront se régler, non pas sur ce que l'entretien de la voie et la locomotion coûtent en moyenne sur tels ou tels chemins, mais sur le produit qu'on aura besoin d'obtenir pour subvenir aux charges diverses que ce chemin particulier aura à supporter. Nous adopterons cette dernière marche, dans les calculs qu'on trouvera ci-après, chapitre V.

Justifions, par un exemple, cette manière d'opérer. Au chemin d'Orléans, où la recette totale correspond à 50 francs par mètre courant, la compagnie évalue les frais qu'elle est obligée de faire, pour transporter une tonne de marchandises à un kilomètre, à 0 fr. 06904 (2). Si la recette n'eût été que de 14 fr. 00, les frais se seraient élevés beaucoup au delà de 0 fr. 069, parce qu'il y a beaucoup d'articles de dépense qui n'auraient point diminué dans la même proportion que les

---

(1) Je n'ai de renseignements certains que sur deux des six exemples d'où la minorité a déduit sa moyenne :

Sur les chemins belges, en 1844.
> Dans une recette totale de 11,230,495, f. 54 c., les voyageurs seuls, *sans leurs bagages,* sont entrés pour. . . . . . . 6,166,548 f. 94 c.
> et les grosses marchandises pour 5,523,015 90

Sur le chemin d'Orléans, même année.
> Dans une recette de 6,566,686 f. 89 c., les voyageurs, *sans leurs bagages et sans l'impôt du dixième,* sont entrés pour. 4,585,566 54
> et les marchandises, à petite vitesse, pour. 1,429,854 84

Ces chiffres sont tirés des comptes officiels.

(2) Page 59 du compte rendu du 29 mars 1845.

recettes. Qu'il y ait peu ou beaucoup de voyageurs et de marchandises à voiturer, il faut toujours des gardiens, des ouvriers, une haute administration, des bâtiments à entretenir. Que la recette soit forte ou faible, on devra également payer les traitements des receveurs.

Les frais sont donc (je ne dis pas dans un rapport exact) d'autant plus grands, que la recette totale est moindre. Si donc ils s'élèvent à 6 centimes 9/10 sur le chemin d'Orléans, ils devront monter beaucoup plus haut sur le chemin de Vitry à Gray, où la recette sera bien inférieure. Voilà pourquoi j'ai cru devoir, dans mes calculs, procéder autrement que la minorité de la commission.

Les chemins de fer, ajoute-t-on, n'ont pas dit leur dernier mot. Les chemins de fer n'ont pas dit leur dernier mot.

Une expression courte et vive est toujours sûre de saisir l'auditeur et de produire un grand effet, surtout quand elle est vraie, comme celle-là. Aussi la répète-t-on de tous les côtés.

Aussi bien que la commission, nous croyons à *l'avenir des chemins de fer;* mais il y a, dans la nature même des choses, des difficultés dont l'art ne peut pas toujours triompher.

Fera-t-on que l'entretien d'une lieue de chemin de fer ne coûte pas beaucoup plus cher que l'entretien d'une lieue de canal? Fera-t-on que la force d'un seul homme entraîne 100 tonnes et davantage sur un chemin de fer horizontal, comme elle le fait tous les jours sur un canal? Fera-t-on que la circulation des convois sur un chemin de fer en améliore les rails, comme le fréquent passage des barques entretient la profondeur dans les biez d'un canal? Ma foi dans l'avenir ne va point, je l'avoue, jusque-là.

On ne prétendra pas, sans doute, que les voies de navigation, dont nous jouissons aujourd'hui en France, soient aussi parfaites qu'elles pourront le devenir. Il ne tiendrait qu'à moi d'en indiquer une foule qui sont assurément très-perfectibles : je crois qu'elles le sont toutes. Donc ces voies-là non plus n'ont pas dit leur dernier mot.

Les routes de terre elles-mêmes sont susceptibles de grandes améliorations. Si l'on entreprenait d'y réduire les plus fortes pentes à 15 ou 20 millimètres par mètre ; qu'ensuite on consacrât 2 ou 3 francs par mètre à l'entretien ; alors (pourvu qu'on ne fît point payer le droit de circuler) le prix du roulage serait, dans plusieurs départements, au-dessous du tarif actuel des chemins de fer (1). Ceux-ci ne conserveraient que l'avantage de la vitesse ; avantage infiniment précieux, lorsqu'il ménage le temps des hommes, mais bien restreint, quand il n'épargne que le temps de la marchandise.

Prix de transport sur les canaux. Si nous avons réclamé contre la méthode employée par la minorité de la commission, pour calculer le prix futur des transports sur le chemin de fer de Vitry à Gray, nous sommes sans objection contre l'usage de la même méthode appliquée aux transports par eau. Nous contesterons néanmoins sur le résultat, parce qu'il n'est pas, à proprement parler, une moyenne, mais un chiffre à peu près arbitraire, entaché, selon nous, d'une grande exagération en plus.

« La minorité admet (dit-elle, page 130) qu'une tonne, « transportée à un kilomètre sur le canal, ne doit coûter que « 4 centimes... Elle adopte ce chiffre comme une transaction « entre deux opinions beaucoup plus radicales. » Du reste, elle ne formule pas nettement les opinions dont il s'agit, et laisse un peu le lecteur dans le vague. Nous essayerons, dans le chapitre suivant, d'établir un chiffre moins incertain, en nous conformant d'ailleurs au plan que la minorité s'était proposé de suivre.

(1) Le chapitre IV indique des routes, même montueuses, où le roulage effectue les transports moyennant 0 fr. 12 c. à 0 fr. 15 c. par tonne et par kilomètre.

Dans les pages du rapport de la commission, consacrées au développement et à la justification de l'avis de la minorité, nous avions noté plusieurs autres passages, pour les soumettre à une discussion, et faire apprécier les allégations qui s'y trouvent ; mais pensant qu'il y aurait excès à vouloir glaner jusqu'au dernier épi, et de crainte de fatiguer les personnes qui prendront la peine de lire nos observations, nous omettrons ce qu'il pourrait y avoir encore à dire sur les détails du rapport, et nous le considérerons dans son ensemble. D'ailleurs, les chapitres suivants nous fourniront l'occasion de toucher quelques-uns des sujets que nous laissons ici de côté.

Le rapport est également remarquable, et par les raisons que la majorité fait valoir en faveur du projet du gouvernement, et par celles que la minorité y oppose, et par la rédaction claire, animée, entraînante, de l'honorable rapporteur. Mais M. le comte d'Angeville, appartenant lui-même à la minorité, devait naturellement, et inévitablement, choyer davantage la seconde opinion, et disposer la contexture du rapport, de manière à réserver la place la mieux éclairée pour un sentiment qui est le sien.

Tout en exposant fidèlement les arguments de la majorité, en leur conservant, avec une plume sincère, ce qu'ils ont de persuasif et de pressant, l'habile rapporteur n'en désirait pas moins, et ouvertement, que le parti qu'il proposait à la chambre au nom de la commission ne fût pas adopté.

Cette position forcée et contre nature a fait donner au rapport une forme inusitée. Ce n'est point l'opinion de la majorité qui y est mise en relief ; c'est l'autre. — La majorité d'abord expose ses arguments en faveur du projet de canal — puis la minorité les réfute avec des développements considérables — ensuite la majorité garde le silence. N'est-ce pas la même chose que si elle s'avouait vaincue ? Cependant, par le nombre de voix, elle emporte la décision. C'est donner clairement à entendre, que son triomphe n'est pas une victoire de raisonnement, mais une victoire de boules : d'où l'on est induit à penser, qu'il y a lieu de rejeter l'avis de la commission.

Pour se plaindre de ce que le rapport ne montre pas en quoi pèche la réfutation, opposée par la minorité aux arguments de la majorité, il faudrait avoir oublié que le rédacteur du rapport était lui-même un des auteurs de la réfutation. Il la croyait hors de réplique, et n'y soupçonnait point les défauts dont nous avons parlé dans le courant de ce chapitre : sans quoi il l'aurait abandonnée le premier.

Cependant l'absence de la réplique dans un pareil débat, y laisse une dangereuse lacune. Nous avons vu là un vide à combler, un précipice à entourer de barrières, un lieu obscur où il fallait porter le jour. Je me suppose député, et n'ayant pas, pour déterminer mon vote dans cette circonstance, d'autre pièce que le rapport de la commission ; peut-être alors, étonné par le grand nombre des preuves et des allégations de la minorité, la voyant armée de chiffres et de calculs, dont personne ne démontre l'inexactitude ; séduit aussi par la logique du langage et par cette expression nerveuse et heureuse qui manifeste un rédacteur convaincu ; peut-être, dis-je, que j'aurais le malheur de me tromper ; de voir, avec la minorité de la commission, l'intérêt du pays là où il n'est pas ; et de voter enfin, de la meilleure foi du monde, contre une excellente proposition.

Cette réflexion a fait naître en nous la pensée de compléter l'œuvre de la majorité, en montrant le côté faible de la réfutation qu'on lui a opposée. Voilà comment, sans mission, sans invitation, sans provocation de qui que ce soit, sans rechercher même l'honneur d'un combat contre de puissants et respectables adversaires ; mais uniquement poussé par l'amour de la vérité, et soutenu par le désir d'être utile, nous avons mis la main à ce mémoire.

La minorité de la commission, il est facile de s'en apercevoir, ne s'est pas tenue assez en garde contre cette puissance qu'on appelle opinion publique ; puissance dont nous devons toujours respecter la voix et le dernier mot, excepté lorsqu'elle intervient dans des délibérations, auxquelles le calcul seul est compétent pour prendre part (1).

(1) Je veux donner un exemple de ce que peut quelquefois la préoccupation : Un enthousiaste partisan des chemins de fer, et adversaire systématique de toute voie navigable, personne d'ailleurs fort honorable et fort éclairée, croyait proposer un argument puissant contre le projet du canal de la Marne à la Saône, en disant : que, depuis l'établissement du chemin de fer de Rouen, Paris s'approvisionnait de houille anglaise, à cause des facilités et de l'économie qu'offrait ce chemin pour la transporter, et qu'il n'y venait presque plus de houille par les canaux.

C'était le pur effet d'une imagination sous le charme ; car, *jusqu'à présent*, le chemin de fer de Rouen n'a pas apporté à Paris, pour l'usage du commerce, une seule tonne de houille anglaise.

Lorsque, de mon côté, je disais : La ville de Rouen tirait jadis d'Angleterre, à peu près toute la houille dont elle avait besoin ; mais, depuis que la rivière d'Oise a été rendue facilement navigable, cette ville reçoit des charbons de Valenciennes, de Mons et de Charleroy, amenés par le canal de Saint-Quentin, par le canal de la Sambre à l'Oise et par l'Oise ; lors, dis-je, que j'alléguais cela, on secouait la tête en signe d'incrédulité.

J'ai écrit à Rouen, et voici le renseignement qu'on s'est procuré dans les bureaux de l'octroi de cette ville :

Arrivages de houille anglaise à Rouen	en 1842.	1,340,620 hectol.
	1843.	1,424,840
	1844.	742,507
Arrivages de houille française ou belge	en 1842.	25,872
	1843.	55,746
	1844.	515,055

Ainsi, à Rouen, la consommation de houille anglaise diminue, et la consommation de houille française augmente, d'année en année.

Si, comme cela pourra très-bien arriver, les chemins de fer de Rouen et du Hâvre apportent quelque jour à Paris du charbon de Newcastle ; lequel est peut-être meilleur que d'autre pour certains usages (je l'ignore) ; ce fait ne prouvera ni pour ni contre le chemin de fer ou le canal de la Haute-Marne. Il confirmera seulement ce que tout le monde sait : que la navigation maritime entre le Havre et Rouen, et la navigation fluviale entre Rouen et Paris, ont absolument besoin d'être améliorées.

CHAPITRE IV.

Routes ordinaires.

Ordinairement, lorsqu'on veut savoir ce que pourra coûter le transport des marchandises sur une route nouvelle, on fait un calcul dans lequel on a égard : au poids que les chevaux pourront traîner sur la route en question ; à la vitesse avec laquelle ils pourront y marcher ; aux renforts que les rouliers seront obligés de prendre dans certains passages ; aux chargements en retour que pourront leur offrir les lieux traversés par la route, etc. Mais comme, après tout, un pareil calcul, même bien fait, ne conduit qu'à des approximations, on peut user d'une méthode beaucoup plus expéditive, qui consiste à chercher plusieurs routes ayant de l'analogie avec celle-là, pour les pentes, pour le climat, pour les probabilités de chargements en retour, etc. ; à s'informer des prix moyennant lesquels on y effectue les transports, et à prendre un milieu entre eux.

Approximation pour approximation, l'une ici vaudra l'autre à peu près.

Canaux.

Si, au lieu d'une route, il s'agit d'un canal, on pourra encore s'éclairer en cherchant une moyenne, pourvu qu'on ait

soin, comme pour les routes, de ne point mettre en comparaison, des lignes non effectivement comparables entre elles.
Par exemple : le canal de la Marne à la Saône devant avoir des
écluses de 5ᵐ20 de largeur, et donner passage à des bateaux
de 160 tonnes, il ne faudrait point faire entrer dans le calcul
de la moyenne le canal de Bruxelles à Charleroy, dont les
écluses n'ont que 2ᵐ70 de largeur, et dont les barques ne
peuvent porter que 70 tonnes. Le canal de Strasbourg à Mulhouse devra aussi, malgré sa conformité de dimensions avec
la ligne en projet, être mis de côté, si, comme on l'assure, il
ne se fait pas entre ces deux villes assez d'échanges pour occuper les bateaux avec continuité. La navigation des rivières,
donnant lieu à des frais particuliers dont les canaux artificiels
sont exempts, n'offre pas non plus de bien bons éléments pour
une moyenne applicable à un canal.

Mais quand on aura éliminé de la sorte un certain nombre
de lignes, dont l'introduction dans le calcul serait capable d'en
vicier le résultat, je crois qu'un prix moyen, déduit d'expé-
riences bien sûres, sera très-utile pour éclairer les personnes
qui cherchent à savoir ce que coûteraient les transports sur
le canal de la Marne à la Saône.

Si, sur les chemins de fer, les frais de transport de la marchandise dépendaient presque uniquement de conditions phy-
siques, comme cela a lieu pour les routes ordinaires et pour
les canaux; alors, il serait assez facile de trouver des termes
de comparaison, et de dresser un prix moyen de transport,
applicable à un rail-way que l'on veut construire; mais les
causes, qui font le plus varier les prix entre différents chemins de fer, sont indépendantes des qualités matérielles du
chemin.

Prenons, soit deux routes, soit deux lignes de navigation,
exactement semblables l'une à l'autre quant à la constitution
physique de la voie; un roulier ou un batelier, à qui vous con-

Chemins de fer.

fierez une même quantité de marchandises, pour la transporter
à un même nombre de kilomètres, aura à supporter des frais
à peu près égaux, et vous demandera à peu près le même
prix, sur l'une ou l'autre route, sur l'un ou l'autre canal.

Prenons deux chemins de fer, pareils entre eux pour les
pentes, pour les courbes, enfin pour tout ce qui est matériel,
et confions aux concessionnaires un même poids à conduire à
une même distance; il pourra arriver que l'un des concessionnaires se ruine en demandant un prix double, et que l'autre,
avec un prix moitié moindre, fasse une excellente affaire. Je
vais tâcher de m'expliquer mieux.

Si la force d'un cheval suffit pour le poids qu'on veut transporter sur une route ordinaire, on se sert d'une petite voiture
et l'on n'attelle qu'un cheval ; s'il faut 2 chevaux, on met 2 chevaux ; si le fardeau est de 7 ou 8 tonnes, on emploie un
fort chariot, et un attelage de 7 ou 8 chevaux ; en un mot, on
proportionne la force et la dépense à la quantité de quintaux
ou de tonnes qu'on doit traîner, et, s'il y a de la force perdue,
c'est peu de chose. De plus, comme, en général, dans les moments où l'on manque de marchandises à voiturer, on trouve
à occuper les chevaux pour les travaux de l'agriculture ou
pour quelque autre service, le commerce n'a point à supporter de frais pour la nourriture des chevaux et des charretiers pendant l'entre-deux des voyages.

S'agit-il de canaux ? un petit nombre de tonnes se place sur
un petit bateau que le premier homme venu, même une
femme, même un enfant, tire avec facilité. Un grand bateau
vide ou peu chargé ; que dis-je ? quelquefois très-chargé ; peut
aussi être halé sans chevaux (1). Il faut dire encore, qu'un ba-

(1) Entre Condé et Fresnes sur l'Escaut, les bateaux les plus chargés (160,
180, 200 tonnes), sont toujours halés, même contre le courant, par des hommes, des femmes et des enfants. Ces haleurs sont enrôlés et tarifés : aussitôt
qu'un batelier a besoin d'eux, il en appelle cinq, six, huit, dix.

D'après le nombre qu'ils sont, le halage leur prend un jour sur quatre ou

telier, n'étant pas obligé de partir à jour et à heure fixes, attend, pour se mettre en route, que son chargement soit complet, attente rarement bien longue. Voilà ce qui rend si économiques les transports par eau.

Sur chemins de fer, les conditions du transport sont différentes. La locomotive, qui est obligée de partir à heure fixe, traîne presque toujours un chargement inférieur à celui qu'elle pourrait traîner ; un convoi portant 5 tonnes, en porterait 50, sans coûter sensiblement davantage. Les départs se succèdent à des intervalles qui varient de chemin à chemin, et la rétribution payée par le commerce doit, dans tous les cas, pourvoir à l'entretien du personnel inactif. Il y a donc, selon le chemin que l'on considère, beaucoup plus ou beaucoup moins de force inutilement dépensée, et beaucoup plus ou beaucoup moins de frais accessoires à supporter par la marchandise.

Cette raison empêchera les chemins de fer, surtout les lignes secondaires, de réussir également bien partout. Quoi qu'il en soit, les nouveaux et très-importants éléments de calcul que nous venons d'indiquer, ne sauraient être négligés, et bien des difficultés se présenteront quand on voudra les faire entrer dans la composition d'un prix moyen. Si l'on se bornait à s'enquérir de ce que coûtent les transports sur 5 ou 6 chemins de fer pris au hasard, et que l'on appliquât à tout chemin nouveau la moyenne obtenue de cette manière, un pareil travail n'aurait aucune valeur.

On dit que la moyenne du prix du roulage en France, en faisant entrer dans la comparaison toutes les routes du royaume, s'éloignerait peu de 20 centimes par tonne et par

cinq. Le reste du temps, ils s'occupent du métier qu'ils font dans la ville.

Sur le canal latéral à la Loire, le halage par chevaux est presque inconnu.

Sur le canal d'Orléans, idem, etc.

kilomètre. Une moyenne aussi générale, tout en satisfaisant la curiosité, enseignerait peu de chose sur les prix de transport dans tel ou tel département. Notre intention n'est point de sortir du canton où le projet du chemin de fer de Vitry à Gray et celui du canal de la Marne à la Saône sont en présence.

Dans un écrit que la ville de Langres a fait imprimer en mars 1845, sur le projet du canal de Vitry à Donjeux, on lit (page 6) : que le transport d'une tonne de houille, depuis Gray jusqu'à Saint-Dizier, coûte, en moyenne, 28 francs (1). La distance est de 166 kilomètres :

Cela donne, par tonne et par kilom.   . 0 fr. 16 à 0 fr. 17

Le même écrit ajoute que le prix descend quelquefois jusqu'à 20 fr., lorsque les voitures ont des chargements assurés pour leur retour :

Cela ne donne plus, par tonne et par kilom. que   0 fr. 12

On paye communément 22 à 25 fr. pour le transport de 1,000 kilogrammes depuis Joinville jusqu'à Gray, ou réciproquement. La longueur est de 154 kilomètres :

Ci, par tonne et par kilomètre.   .   . 0 fr. 16 à 0 fr. 17

Les planches de chêne que les commissionnaires de Saint-Dizier font venir de Lunéville, pèsent de 1,000 à 1,200 kilogrammes par 100 mètres courants. On paye aux voituriers qui les transportent, 18 à 20 fr. par 100 mètres courants. La distance est de 127 kilomètres :

Cela revient, par tonne et par kilomètre, à.   . 0 fr. 14

Le transport de planches semblables, de Neufchâteau à Saint-

(1). Nous avons une lettre de Gray, qui indique 27 fr. 50 c. comme étant le prix le plus ordinaire : c'est sensiblement la même chose.

Dizier, se paye 12 fr. pour 100 mètres courants. La distance
est de 89 kilomètres :

Cela ne donne, par tonne et par kilomètre, que. 0 fr. 12

Le transport des fers qu'on envoie de Saint-Dizier à Paris
par le roulage, se paye, de 30 à 32 fr. 50 par tonne. La distance est de 209 kilomètres :

Prix, par tonne et par kilomètre. . . 0 fr. 14 à 0 fr. 15

De Saint-Dizier à Bas-Village, près de Vitry, on envoie des
quantités considérables de fer et de fonte, moyennant 4 à 5 fr.
par tonne, et les voitures reviennent à vide. La distance est de
30 kilomètres :

Ci, par tonne et par kilomètre. . . . 0 fr. 13 à 0 fr. 15

De Joinville à Saint-Dizier, on transporte journellement
des bois, des fers, du charbon, à raison de 4 fr. les 1,000 kil.
La distance est de 32 kilomètres :

Ci, par tonne et par kilomètre. . . . . . 0 fr. 125

Ces prix sont très-utiles à connaître, parce qu'ils indiquent
une limite au-dessous de laquelle le chemin de fer devra se
tenir, sans quoi les voitures, qui prennent la marchandise à
domicile et la rendent à domicile, auraient sur lui un tel avantage, qu'il ne transporterait presque rien.

Peut-être sera-t-on curieux de savoir sur-le-champ, à quel
prix le chemin de fer devrait effectuer les transports entre
Joinville et Saint-Dizier, pour que le commerce n'eût pas
plus de désavantage à se servir du chemin de fer que de la
route.

Comptons, pour frais de camionnage de 1,000 kilog., depuis le magasin de l'expéditeur jusqu'à la station de départ,

0 fr. 50 c. (c'est probablement trop peu) : ci. . 0 fr. 50

Transbordement, du camion, dans le wagon (1). 0 20

Opération inverse, à la station d'arrivée, et camionnage jusque chez le destinataire. 0 70

Total. . . . . 1 fr. 40

qui, répartis sur 32 kilomètres, font, par tonne
et par kilomètre. . . . . 0 fr. 044

Le prix du transport par la route étant de. . . 0 125

on voit que le chemin de fer, même en se rési-
gnant à ne demander que. . . . . 0 fr. 084

par tonne de marchandise et par kilomètre, balancerait tout au plus le prix actuel du transport entre Joinville et Saint-Dizier, et ne procurerait pas au commerce le moindre avantage en argent. Résultat digne d'être noté; car il prouve que le chemin de fer sera incapable de faire concurrence à la route pour le transport des bois de sciage et de charpente, dont Joinville envoie annuellement environ 12,000 tonnes à Saint-Dizier. Cette sorte de marchandise, en effet, ne pourra, ni être transbordée moyennant 20 centimes, ni être conduite, de la station au port de Saint-Dizier, moyennant 50 centimes par tonne.

Joinville envoie de plus à Saint-Dizier 6 à 7,000 tonnes de fer et de fonte chaque année. Les lieux intermédiaires y en envoient environ 8,000.

(1) En Belgique, cette main-d'œuvre est tarifée. Pour faire passer la houille de la voiture qui l'a apportée, dans le wagon qui doit la conduire plus loin, on paye 1 fr. 00 par cinq tonnes, ou 0 fr. 20 c. par tonne. On place les chariots côte à côte avec les wagons, et tout le travail consiste à jeter la houille de l'un dans l'autre.

Au sujet du transport des voyageurs, sur les différentes parties de la route de Vitry à Gray, nous dirons que :

Entre Vitry et Saint-Dizier (intervalle appartenant à la route de Paris à Strasbourg), et entre Chaumont et Langres (route de Paris à Mulhouse), il y a beaucoup de voitures de passage, et que le prix des places y varie, selon les compartiments, selon les entreprises et selon les saisons, entre 6 et 16 centimes par kilomètre.

Entre Saint-Dizier et Chaumont, où il n'y a point de concurrence, le prix le plus élevé est 13 cent., et le moins élevé 11 cent. par kilomètre.

Entre Langres et Gray, il n'y a point non plus de concurrence, et les prix sont 14 et 12 centimes.

Entre Saint-Dizier, Vassy et Joinville, il existe un petit service de voitures, transportant les voyageurs moyennant 7 à 8 centimes par kilomètre.

Jusqu'à présent on n'a rien imaginé de mieux que les voies navigables, pour effectuer les transports à bon marché ; et parmi les voies navigables, celles qui procurent le plus d'économie sont les canaux artificiels à eau dormante. Ils doivent cet avantage à ce qu'on y marche dans les deux sens avec la même facilité, et à ce que les risques de la navigation y sont à peu près nuls. *Canaux.*

Pour évaluer quels seraient les prix de transport sur un canal artificiel joignant la Marne à la Saône, il suffira de regarder ce qu'ils sont ailleurs sur des canaux de même nature.

La rivière de Saône est de nature différente : la navigation *Lyon à Gray.*
(surtout à la remonte) y est beaucoup moins sûre et plus dispendieuse qu'elle ne le sera sur le canal projeté.

Aujourd'hui, le transport d'une tonne de houille depuis

Lyon jusqu'à Gray, sur une longueur totale de 283,000 mètres, où il faut continuellement refouler le courant, coûte 8 fr. (sans compter les droits de navigation),

Ou, par tonne et par kilomètre. . . . . . 0 fr. 028

A l'extrémité de ce chemin pénible, les bateaux entreront dans le canal, où l'eau sera calme, où le moindre effort suffira pour les tirer, où ils n'auront plus besoin de pilotes, et où ils n'auront plus à craindre les tournants dangereux, les îles, ni les écueils.

Cette première observation fait voir que si le canal existait, le prix du transport (à part les droits) y serait, *et de beaucoup*, inférieur à 0 fr. 028 par tonne et par kilomètre (1).

Charleroy à Paris.

Les bateaux qui apportent la houille de Charleroy à Paris sont ordinairement chargés de 160 à 180 tonnes; soit, en moyenne, 170 tonnes. Ils parcourent avec cette charge 360 kilomètres, et s'en vont presque toujours à vide.

En venant, ils ont à remonter la Sambre sur 96 kilomètres et la Seine sur 42; au retour, ils ont à remonter l'Oise sur 104 kilomètres; ce qui donne lieu à une assez grande consommation de cordages, et oblige les bateliers à s'équiper d'une manière plus dispendieuse que s'ils avaient à parcourir d'un bout à l'autre des canaux à eau tranquille.

Nous ne parlerons que *pour mémoire* de ce surcroît de dépenses, néanmoins assez notable; mais nous ne pouvons nous dispenser d'avoir égard à d'autres frais spéciaux occasionnés par la navigation en lit de rivière, et qui consistent : 1° en

(1) Les bateaux pourront porter 160 tonnes sur le canal. Sur la Saône, ils n'en prennent ordinairement que 120. De quatre bateaux, marchant de conserve, l'un pourra compléter le chargement des trois autres à l'entrée du canal, et retourner à Lyon. Par là, on obtiendra encore de l'économie.

salaires de pilotes et de chefs et aides de pont sur l'Oise et sur la Seine ; 2° en chevaux et charretiers de halage.

La dépense totale du batelier, pour pilotes, chefs et aides de pont, chevaux et charretiers, peut être évaluée en moyenne, à environ 700 fr. par voyage ; ci. . . . . . 700 fr.

Sur les parties de la route, où l'on navigue en lit de canal, la traction du bateau coûte moins de 0 fr. 90 c. (1) par kilomètre. A ce prix, si le bateau naviguait partout sur des canaux, la dépense totale relative à la traction s'élèverait pour 360 kilom. 324

Reste, pour la dépense en excédant, causée par les rivières. 376

Divisant cette somme par 170 tonnes, on obtient, pour la part afférente à chaque tonne. . . . . . . 2 fr. 21 c.

Cela posé ; voyons quel est le prix du transport, par tonne et par kilomètre :

Le fret, de Charleroy à Paris, descend quelquefois jusqu'à 15 fr. 50 c., mais on peut admettre 15 fr., comme étant le taux le plus ordinaire, ci. . . . . 15 fr. 00 c.

De ce prix, il faut retrancher les droits de navigation (2). . . . . . 7 fr. 16 c. ⎫
⎬ 9   37
Le surcroît de frais en hommes et en chevaux, nécessité par les rivières 2   21 ⎭

Reste. . . 5 fr. 63 c.

(1) De Chauny à Janville, sur une longueur de 54 kilom., le halage du bateau chargé se paye, en moyenne, 20 fr. 00, et le halage du bateau à vide, 8 fr. 00 ; total, 28 fr., ou 0 fr. 82 c. par kilom. Bien souvent, le batelier, sa femme ou ses enfants halent eux-mêmes le bateau vide, et il ne débourse rien pour cette manœuvre.

(2) Droits de navigation :

Sur la Sambre belge (compris retour à vide). Pour   40^k. — 0 f. 80 c.

A reporter. . .   40^k. — 0 f. 80 c.

qui, divisés par 360 kilomètres, donnent pour une tonne transportée à un kilomètre. . . . . 0 fr. 016

Quand le fret est à 13 fr. 30 c., le prix, par tonne et par kilomètre, n'est plus que de $\frac{1 f. 13}{360}$. . 0 fr. 011

Nota. Il ne faut pas oublier que nous avons négligé l'article assez important des agrès et les chances d'avaries, auxquelles on est exposé dans les rivières, et que, par conséquent, les prix de 0 fr. 016 et 0 fr. 011 sont trop élevés pour une ligne de canaux continue.

Mons à Paris. Procédons à une opération semblable pour la ligne de Mons à Paris.

La distance est de 544 kilomètres, et les bateaux ont à remonter l'Escaut, comme ceux de Charleroy la Sambre, mais, faute d'une profondeur d'eau suffisante dans l'Escaut, les bateaux venant de Mons ne portent en général que 160 tonnes.

La dépense en chevaux, pilotes, etc., est, comme pour

Report. . . .	40ᵏ. —	0 f. 80c.
Sambre française (compris retour à vide)	56 —	1 43
Canal de la Sambre à l'Oise, id.	66.8 —	2 51
Portion du canal de Saint-Quentin, id.	11 —	0 51
Canal de Manicamp, id.	5 —	0 28
Canal latéral à l'Oise, et rivière d'Oise, id. . . .	152.5 —	1 07
Portion de la Seine, id.	42.1 —	0 07
Canal de Saint-Denis, id.	6.6 —	0 84
	560ᵏ.	7 f. 16 c.

Montant des droits, par tonne et par kilom., en moyenne. 0 fr. 02 c.

l'autre ligne, d'environ. . . . . 700 fr.

S'il n'y avait point de rivières à suivre, elle
ne serait que de. 510

Excédant causé par les rivières. . . 590

qui, divisés par 160 tonnes, donnent pour l'excédant de prix à attribuer à chaque tonne. . . 2 fr. 44 c.

Le fret, depuis Mons (ou plutôt depuis Jemmapes ou Saint-
Ghislain) jusqu'à Paris, descend quelquefois à 11 fr. 87 c ;
mais le prix le plus ordinaire est de 13 fr. 75 c., ci 13 fr. 75 c.

Retranchant de là, pour droits de
navigation (1). . . . . 6 fr. 12 c.
Pour chevaux, pilotes, chefs et aides de pont. 2   44

$\left.\right\}$ 8   56

Il reste. . 5   19

qui, divisés par 544, donnent pour une tonne à un
kilomètre. . . . . 0 fr. 015

(1) Droits de navigation :
Partie belge du canal de Mons à Condé (15 à 14 kilom.)   15ᵏ5— 0 f. 20 c.
Partie française du même canal (compris retour à vide).   4.8— 0   07
Ecluses de Fresnes et d'Iwuy. . . . . . id   0   72
Escaut, de Condé à Cambray. . . . . . id. . . . . . .   45.7— 0   40
Canal de Saint-Quentin. . . . . . . id . . . . . .   95.8— 2   47
Le reste de la ligne, comme dans la note précédente. . 186.2— 2   26
                                                        544ᵏ— 6 f. 12 c.

Montant des droits, par tonne et par kilom., en moyenne.   0 f. 018 c.

Quand le fret est à 11 fr. 87 c., le prix par tonne
et par kilomètre n'est plus que de. . . . . . . 0 fr. 010

Nota. Ces prix sont presque égaux à ceux de tout à l'heure;
comme eux, ils seraient trop élevés pour un canal.

Canal du Midi. Si nous cherchons maintenant une ligne de navigation, où
dans l'intervalle séparant les points de départ et d'arrivée, on
n'ait point de longues portions de rivière à emprunter, nous
trouverons en France, le canal du Midi.

Sur ce canal, le transport d'une tonne, chargement et déchargement compris, mais non compris les droits de navigation, se paye (terme moyen) :

De Toulouse à Castelnaudary, à 66 kilomètres
de distance. . . . . 2 fr. 50 c.

Et de Toulouse à Agde, à 240 kilomètres. 4 00 (1)

Dans le prix de 2 fr. 50 c., comme dans celui de 4 fr., il y
a une partie qui ne concerne point le transport proprement
dit, et qui se compose : des frais de chargement; des frais de
déchargement; et de la valeur du temps perdu par le bateau
pendant ces deux opérations. Mais si du prix de 4 fr., nous
retranchons celui de 2 fr. 50 c., le reste exprimera la valeur
du *transport seul* pour l'intervalle séparant les points d'arrivée.

Cet intervalle est de 174 kilomètres ; la différence des prix
est de 1 fr. 50 c. ; ainsi le prix, pour le transport seul, est, par
tonne et par kilomètre, de $\frac{1\,\text{f.}50}{174}$, ou. . . . . . 0 fr. 0086 (2)

(1) Pour le port de Cette, à environ 20 kilom. plus loin, le fret est souvent
aussi de 4 fr. 00 c.

(2) Nous étions parvenu au même résultat, en nous rendant compte d'abord
de l'importance des frais qui sont indépendants de la longueur du voyage :

Sur le canal de la Marne à la Saône, les difficultés de la marche ne seront pas plus grandes qu'entre Toulouse et Agde, malgré la longueur du souterrain de Langres (1).

Il paraît bien certain, d'après cela, que sur ce canal les bateliers pourraient, avec un centime par tonne et par kilomètre, et en conservant pour eux-mêmes une rémunération satisfaisante, subvenir à tous les frais de bateau et de traction. Cependant, pour éviter la dispute sur ce point, et considérant qu'il est juste d'avoir égard à ce qu'on appelle les jours de planche (2), nous consentirons à établir plus loin nos calculs comme si le prix devait s'élever à *un centime et demi*.

Nous croyons faire ainsi une grande concession. Nous le croyons d'autant plus, que les bateaux qui auront apporté la

Chargement des bateaux par tonne.	0 fr. 75 c.
Déchargement, id.	0 75
Valeur de six journées que perd le bateau pendant le chargement et le déchargement, à 9 fr. 00 c. l'une, en tout 54 fr. pour un bateau de 150 tonnes : ci, pour une tonne.	0 42
	1 fr. 92 c.

Retranchant 1 fr. 92 c. de 2 fr. 50 c., et divisant le reste par 66, on trouve. 0, 0088

Retranchant 1 fr. 92 c. de 4 fr. 00 c., et divisant le reste par 240, on trouve. 0, 0087

Il n'y a de différence que dans les centièmes de centime. On ne pouvait rien désirer de mieux concordant.

On voit que les transports à courte distance coûtent proportionnellement le même prix que les transports à grande distance. Ce qui fait ordinairement considérer les premiers comme étant plus chers, c'est la portion non variable qu'ils renferment, et qui est une part du total d'autant plus grande, que ce total est plus petit.

(1) Pour traverser l'écluse de Fonserannes et la rivière d'Orb, on perd autant de temps que pour un souterrain de 5,000ᵐ.

(2) Ce sont les jours que les bateliers perdent dans les ports, pour attendre qu'on les décharge.

houille dans la Haute-Marne, y trouveront très-souvent du chargement pour leur retour, tandis que nous voyons les neuf-dixièmes des bateaux, qui sont venus de Mons ou de Charleroy à Paris chargés de marchandises, s'en retourner à vide, et que, sur le canal du Midi même, on voit assez souvent des barques revenir à vide d'Agde à Toulouse.

Voici quelques prix de transports par eau, *qui comprennent le montant des droits de navigation*.

On amène journellement de la brique, de Boom à Bruxelles, par le canal de Bruxelles. Le millier pèse 1,500 kilogrammes et se transporte ordinairement pour 1 fr., c'est 0 fr. 67 c. par tonne. La distance étant de 28,150 mètres, on voit que le transport d'une tonne à un kilomètre se paye . 0 fr. 024

On transporte beaucoup de chaux, de Tournay à Bruxelles, moyennant 4 fr. 75 c. par tonne. La distance étant de 200 kilomètres, cela donne également par tonne et par kilomètre. . . . . . 0 fr. 024

De Jemmapes à Gand; fret ordinaire, 3 fr. 75 c. par tonne; distance, 148 kilomètres; prix, par tonne et par kilomètre. . . . . 0 fr. 025

Jemmapes à Bruxelles; fret moyen pour 1844, 5 fr. 19 c. (1); distance, 247 kilomètres; prix, par tonne et par kilomètre. . . . . 0 fr. 021

L'administration du chemin de fer fait transporter par eau, de Jemmapes à Ostende, la houille dont elle a besoin pour la fabrication du coak. Ce transport lui coûte, *en ajoutant aux droits de navigation les frais de chargement, de déchargement et*

(1) Rapport de la députation permanente au conseil provincial du Hainaut, session de 1845, page 527.

de camionnage, 7 fr. 40 pour 215 kilomètres : ci, par tonne et par kilomètre (1). . . . . **0 fr. 034**

La même administration fait transporter la houille, de Gand à Ostende, à 67 kilomètres, pour 1 fr. : ci, par tonne et par kilomètre. . . . . **0 fr. 015**

Nota. Le transport de la houille par le chemin de fer de Gand à Ostende coûterait, au prix du tarif, 6 fr. 70 au lieu de 1 fr.

Il y a de fréquentes communications par eau entre Paris et le midi de la France ; mais, de ce côté, le service ne se fait pas ordinairement, comme entre Paris et le Nord, par des bateliers exerçant la profession d'entrepreneurs de transport, et se chargeant de tous les frais du voyage.

Presque tous les transports par eau, depuis la Haute-Loire jusqu'à Paris, se font en quelque sorte par régie. Un négociant achète à Saint-Rambert des sapines ou des toues; il les garnit d'agrès, de cordages et d'ustensiles; il embauche ensuite des pilotes et des haleurs; il les nourrit pendant le voyage, et leur fournit des aides en cas de besoin; enfin, après l'arrivée de la marchandise à Paris, il revend les bateaux pour être déchirés. Chacun de ces articles de dépense étant sujet à des variations, il devient assez difficile de déterminer avec exactitude le prix moyen du transport d'une tonne de marchandises.

La concurrence des chemins de fer, le perfectionnement des canaux de Briare et d'Orléans et de la navigation de la Seine, et l'activité toujours croissante des relations commerciales, amèneront inévitablement une révolution dans cet usage. Elle est même déjà commencée; car quelques transports de charbon de terre s'exécutent maintenant à forfait entre

(1) En revenant de Gand, d'Ostende ou de Bruxelles, à Jemmapes, les bateaux ont à remonter le courant de l'Escaut pendant 110 kilom.

Roanne et Paris, au moyen de bateaux qu'on ne déchire pas
après leur arrivée. On paye 34 fr. par voie. La voie pèse 2 t. 40;
ainsi, le prix de la tonne est de 14 fr. 17.

La distance étant de 475 kilomètres (1), la tonne, à 1 kilomètre, revient (droits et tout compris) à. . . . . . . 0 fr. 03

Tarif du chemin de fer de Belgique.

Voyageurs (2) (par kilom.). .	1re classe. . .	0 fr. 078	
	2e classe. . .	0	058
	3e classe. . .	0	058
Marchandises (3) (par tonne et par kilomètre).	Classe supér. .	0	20
	Classe moyen. .	0	16
	Classe inférieure (comprenant la houille). .	0	10 (4)

Le gouvernement accorde une remise de 1/5 sur le tarif
des marchandises, pour celles qui sont expédiées hors du
royaume, et pour celles qui le traversent en transit. Il re-

(1) Cours de la Loire, de Roanne à Briare. . . . . 275 kilom.

    Canal de Briare. 53

    Canal du Loing. 57

 Cours de la Seine, de Saint-Mammès à Paris. 90

                 475 kilom.

(2) Rapport présenté aux chambres belges, le 19 février 1845, par le ministre des travaux publics, page xxxv.

(3) Ib., page xviii.

(4) Si l'on divise le prix qui se paye effectivement de telle station à telle station, par le nombre de kilomètres qui les sépare, on ne tombera presque jamais
exactement sur le prix du tarif. Ainsi, de Manage à Bruxelles, on trouvera
0.114, et de Charleroy à Bruxelles, 0.085, au lieu de 0.10. Cela vient de ce
qu'en général on a arrondi les totaux, et de ce que l'on a eu égard à quelques
circonstances locales; mais la moyenne générale, c'est le prix du tarif.

nonce à toute espèce de bénéfice sur ces sortes de transports. Il lui suffit qu'ils fassent entrer dans le royaume l'argent des étrangers. Mais, jusqu'à présent, cette concession n'a pas fait porter une tonne de houille en France par le chemin de fer.

La quantité de houille, et d'autres grosses marchandises, entrées en France par le canal de la Sambre, en 1844, a été de. . . . . 255,856 tonnes.

Par le seul canal de Mons à Condé, elle a été de. . . . . 700 à 750,000 tonnes (1).

<hr>

Il ne faut pas s'exagérer l'avantage des chemins de fer sur les routes ordinaires, pour le transport des grosses marchandises. Cet avantage est souvent balancé par les frais de camionnage et de double chargement et déchargement.

A Bruxelles, par exemple, malgré la modicité du tarif du chemin de fer, et malgré le haut prix du roulage, il arrive plus de houille par la route ordinaire que par le rail-way.

En 1844, le chemin de fer du Midi (le seul par où il vienne de la houille) a apporté à Bruxelles, tant de la direction de Mons que de celle de Charleroy, 34,220 tonnes de houille, ci. 34,220

savoir : { pour la consommation de la ville. 24,210
pour Vilvorde, Anvers, Malines
(celle-là n'a fait que passer). . 10,010

(1) Circulation totale sur le canal de Mons à Condé, en 1844. 1,246,056 t.
— Sur le canal de Pommerœul à Antoing. 562,494
— Sur l'Escaut, entre Gand et Anvers (quoiqu'il existe un chemin de fer entre ces deux villes). 570,824
— Sur l'Escaut, entre Gand et Tournay (id.) 785,859
— Sur le canal de Gand à Bruges (id.) 210,652
Etc., etc.
Sur toutes les branches du chemin de fer de Belgique, le mouvement des marchandises de roulage s'est élevé en somme, pendant la même année, à. . . . . 520,422 t.

Pendant la même année, Bruxelles a reçu par la grande route, venant de Charleroy, Gosselies, Manage, Marchiennes (toutes stations du chemin de fer) 32,151 tonnes de houille, ci 32,151

savoir : { pour la consommation de la ville. 22,336
{ pour les faubourgs. 9,815

Veut-on savoir maintenant ce que, pendant la même année, Bruxelles a reçu de houille, par le seul canal de Charleroy à Bruxelles, et malgré l'exagération du tarif de ce canal? 425,479

On peut vérifier ces chiffres dans les bureaux de l'octroi de Bruxelles.

Il a été transporté, en 1844, d'Ans et de Liége

à Saint-Trond { par la grande route, 7,550 tonnes de houille
{ par le chemin de fer, 7,250

Il n'y a point de voie navigable entre Liége et Saint-Trond. Dans ces deux exemples, le prix du chemin de fer ne fait que balancer celui de la grande route. Si pareille chose arrive entre Vitry et Gray, le chemin de fer n'y ravivera point l'industrie souffrante ; c'est-à-dire que le principal objet, qu'on se sera proposé en le créant, sera manqué (1).

⸺

On pourrait croire, en lisant le rapport de la commission de la chambre des députés (page 115), que la minorité s'attend à voir les houilles du Nord arriver à Paris par le chemin de fer de Belgique. Nous pensons que la vie et la prospérité

___

(1) Il est fortement question depuis longtemps d'établir, entre Saint-Etienne et Rive-de-Gier, une nouvelle grande route, qui transporterait la houille concurremment avec le chemin de fer.

La pensée de faire lutter une grande route contre un canal, pour des transports de houille, ne viendrait à personne.

future du chemin de fer du Nord, prospérité dont nous ne doutons pas plus que la minorité, seront dues à d'autres causes.

Je vais plus loin, et je dis, que si l'on supprimait les voies navigables qui mettent Paris en communication avec les houillères du Nord, le chemin de fer n'en profiterait guère. Le résultat d'une pareille œuvre serait : que le charbon ne viendrait plus qu'en petite quantité; et beaucoup de voyages de négociant, auxquels les achats actuels donnent lieu, ne se feraient plus.

Avant le perfectionnement du canal de Saint-Quentin, du canal de la Sambre à l'Oise, et de la navigation de l'Oise, les houillères du Nord n'envoyaient à Paris qu'environ 60,000 tonnes de charbon par an, quoiqu'il existât une voie navigable, et que l'on eût, à Paris, grand besoin de charbon. Mais la voie était tellement défectueuse, que le transport d'une tonne revenait à 20 ou 25 fr. Quand le prix a pu être réduit d'un tiers, l'on a vu, dès les premiers mois, quadrupler les arrivages. Qu'on rétablisse l'ancien état de la voie, et l'on verra reparaître l'ancien état de la consommation. Le chemin de fer, qui aura environ 280 kilomètres de longueur, ne pouvant transporter la tonne de houille, de Valenciennes ou de Mons à Paris, pour 20 à 25 francs, il rétablirait tout au plus l'état contraint et comprimé, d'où les perfectionnements encore incomplets (1) de la navigation ont heureusement retiré le commerce des houilles.

Les consommateurs ne peuvent employer en acquisition de combustible que des sommes limitées. Les manufacturiers doivent, d'ailleurs, dans l'achat des matières premières, se régler sur le prix que le public pourra mettre aux produits fabriqués. Lors donc que le prix de la houille dépassera un cer-

(1) Nous disons incomplets : car la Seine entre Pontoise et Paris, l'Escaut, la Sambre française, et surtout la Sambre belge, appellent encore des améliorations.

tain taux, ils cesseront d'en faire venir. Voilà pourquoi il est toujours si important de faire baisser le prix du transport des grosses marchandises.

Le chemin de fer de Vitry à Gray ne saurait, par les raisons que nous allons exposer, et à cause des frais de camionnage, rendre la houille dans les usines de la Haute-Marne à beaucoup meilleur marché que maintenant; et comme la détresse des forges provient surtout de l'élévation du prix des combustibles, il ne remédierait point au plus grave des maux que le gouvernement cherche à guérir : tandis que le canal, en amenant une baisse notable dans le prix de ces mêmes combustibles, en augmentera prodigieusement la consommation, fera produire aux établissements métallurgiques de la Haute-Marne beaucoup plus qu'ils ne produisent aujourd'hui, et contribuera ainsi tout à la fois à enrichir le pays des houilles et le pays des fers : il sera enfin un instrument efficace de bien-être pour la généralité des consommateurs.

CHAPITRE V.

Comparaison du chemin de fer avec le canal de navigation, sous le point de vue des dépenses et des produits probables.

§ 1ᵉʳ. *Chemin de fer.*

Je prendrai la longueur et l'estimation, telles que me les ont données les personnes qui provoquent le plus vivement à l'exécution du chemin de fer, et qui, par conséquent, ne sauraient être suspectes d'exagération au désavantage de l'entreprise.

Elles admettent, que la longueur sera à peu près de 200 kilomètres, et que la dépense s'élèvera à peu près à 60 millions (1).

Elles admettent, de plus, que le gouvernement payera les indemnités, exécutera les travaux de terrasse, les ouvrages d'art, les gares et ateliers; dépenses qu'elles évaluent à 150,000 francs par kilomètre, ou à la moitié de la dépense totale.

---

(1) La minorité de la commission de la chambre des députés (page 106 du rapport) n'admet que 185 kilom. et 54,900,000 fr. Il nous serait indifférent de prendre ces chiffres au lieu de 200 kilom. et de 60,000,000 fr., puisque, dans l'une ou l'autre hypothèse, le rapport de la dépense à la longueur est le même. Nous adoptons celle que nous croyons le plus près de la vérité. Si en cela nous faisons une erreur, elle sera sans conséquence.

Elles admettent, enfin, qu'une compagnie, prenant à sa charge tout le reste des frais d'établissement du chemin; c'est-à-dire, la fourniture et la pose des rails, des billes, des coussinets, le ballast, enfin tout le matériel roulant, déboursera également 150,000 francs (1) par kilomètre, et en totalité . . . . 50,000,000 fr.

Il est indispensable que ce capital soit réalisé et employé successivement, avant l'entrée en jouissance; et, comme la fabrication et la mise en place ou en état de service, de tout le matériel, exigera environ trois ans, nous compterons un an et demi d'intérêts, soit à peu près 2,000,000

La compagnie aura donc à débourser une somme totale de . . . . 52,000,000 fr.

Voyons maintenant quelles sont les charges que le produit du chemin de fer aura à supporter.

Il devra pourvoir :

1° Au service de l'amortissement du capital, soit (1 p. 100), ci.. . . . . 520,000 fr.

Nota. Les fonds de cet amortissement étant placés, à la fin de chaque année, à 5 p. 100, le capital des actions sera reconstitué au bout de 46 ans 10 mois et 24 jours (2).

A reporter . . . 520,000 fr.

---

(1) La compagnie du chemin de fer d'Orléans a dépensé, pour cet objet, 175,000 fr. par kilomètre. (Mémoire de M. Jullien, intitulé : *Notes diverses sur les chemins de fer*, page 10.)

(2) $1 + 1.05 + 1.05^{\overline{2}} + \ldots\ldots + 1.05^{\overline{x-1}} = 100 ; x = \dfrac{\log. 4.}{\log. 1.05.} = 46,90.$

Report . . .   520,000 fr.

2° A la création d'un fonds de réserve, destiné à renouveler, dans un délai, que j'évalue à 20 ans au plus (1), les billes, les rails, le matériel roulant... Or, la seule fourniture des billes et des rails des chemins de fer de Belgique a coûté, par kil. de double voie,

$\frac{26,675,914 \text{ fr. } 32 \text{ c.}}{397}$ (2) ou. . . . . .   67,194 fr.

Le matériel roulant a coûté jusqu'aujourd'hui (et il n'est pas encore complet) 18,154,947 fr. 78 c. ou par kilomètre.   32,442

Ajoutant, pour les plates-formes tournantes, les outils, le mobilier, environ   10,364

Nous trouverons, par kilomètre, 110,000 fr.

Et, pour 200 kilomètres, **22** *millions,* que la réserve devra reconstituer en 20 ans.

En supposant que les fonds de cette réserve

A reporter . . .   520,000 fr.

---

(1) On contestera peut-être sur cette durée de vingt ans. J'avoue que c'est une hypothèse dans laquelle je n'ai pas moi-même trop de confiance. D'après ce qui se passe en Belgique, il paraîtrait qu'un service actif d'environ dix ans, suffit pour ruiner le matériel roulant. Certains rails dont le fer était de mauvaise qualité, et il y en aura toujours de tels dans le nombre, n'ont duré que trois ou quatre ans. Le *Journal des chemins de fer* (n° du 6 septembre 1845), cite un chemin américain où l'on a dû renouveler tous les rails pendant les septième et huitième années. Mais, comme il faut toujours supposer de bonnes fournitures, et que les débris du matériel détruit ne seront jamais sans quelque valeur, j'ai adopté un peu arbitrairement une durée moyenne de vingt ans.

(2) Compte rendu aux chambres belges, le 19 février 1845, par le ministre des travaux publics.

Report . . . 520,000 fr.

fussent, comme ceux de l'amortissement, placés à 5 p. 100, le prélèvement annuel, à faire sur le produit du chemin, sera de 818,745 fr. (1), soit   820,000

Nota. En se réglant sur la valeur du matériel du chemin d'Orléans, il faudrait demander environ 1/5 en sus.

La création d'un fonds d'amortissement et d'un fonds de réserve est inutile en Belgique, où les chemins de fer appartiennent à l'État; mais les chefs de l'administration des chemins de fer de ce royaume, prévoient fort bien la nécessité du renouvellement total ou partiel du matériel, à des époques plus ou moins prochaines. L'entretien ordinaire ne saurait prévenir cette nécessité, bien que chaque année on remplace quelques billes défectueuses, et quelques rails et coussinets cassés ou usés. Ces dépenses journalières n'empêcheront pas, dans quelques années, des remplacements considérables, auxquels le budget de l'État devra pourvoir par l'allocation de crédits extraordinaires.

Une compagnie, qui n'a point à sa disposition le budget du royaume, doit prendre de loin ses précautions contre le besoin dont nous parlons. L'imprévoyance, à cet égard, l'obligerait à s'obérer un jour par des emprunts, d'autant plus difficiles à réaliser, que l'on ne

A reporter . . . 1,140,000 fr.

(1) $$x = \frac{22,000,000}{1 + 1.05 + \overline{1.05}^2 + \ldots + \overline{1.05}^{19}} = 818,745$$

Report . . . 1,140,000 fr.

saurait ensuite avec quoi opérer le rembôurse-
ment.

Je vois, dans l'écrit de M. Jullien, intitulé :
Notes diverses sur les chemins de fer, qu'il s'est
aussi préoccupé du renouvellement du matériel des chemins de fer. Il veut (pages 66 et
67) que l'on prélève, sur les recettes de chaque année, et par kilomètre de chemin, «une
«somme de 4,000 fr. à titre de fonds de ré-
«serve pour le renouvellement de la voie.» Il
ne parle que *des matériaux entrant dans la composition des voies*. Je pense qu'il faut songer de
même au matériel roulant. La réserve de
4,100 fr. par kilomètre, portée ici en compte
pour le tout, est sensiblement inférieure à
celle de 4,000 fr., proposée, pour les voies seu-
les, par cet ingénieur expérimenté.

Malgré ce que je viens de dire, je m'attends
à voir élever des difficultés contre l'admission
d'un pareil article de dépense. Je le porte en
compte, parce que je crois qu'il doit y être
porté : mais en supposant qu'on voulût absolument le retrancher, cela ne ferait pas que
l'entreprise du chemin de fer de Vitry à Gray
fût lucrative pour la compagnie qui exploite-
rait cette ligne.

3° Le produit du chemin de fer devra pourvoir aux frais annuels d'exploitation et d'entretien, frais assez difficiles à évaluer, parce
qu'ils dépendront en grande partie de l'activité
de la circulation.

A reporter . . . 1,140,000 fr.

Report . . . 1,140,000 fr.

Pour le chemin de fer d'Orléans, ces frais se sont élevés, en 1844 (compte rendu aux actionnaires, le 29 mars 1845, page 14), à 2,548,895 francs 17 c. La longueur est de 133,000 m., ci par mètre courant 19 fr. 16 c.

Pour le chemin de fer de Rouen, dont la longueur est de 136 kilomètres, ils se sont élevés (compte rendu du 31 juillet 1845) à 2,022,242 fr. en 9 mois; c'est par an 2,696,323 fr., ou par mètre courant.. 19   85

Dans l'écrit déjà cité, de M. Jullien, on voit (page 59) que, pour 2,181 kilomètres de chemins de fer anglais, la dépense moyenne a été, en 1842, et par mètre courant, de 21   95

Mais le compte rendu aux chambres belges, le 19 février 1845, par le ministre des travaux publics, accuse (page XLIII) une dépense beaucoup moindre; elle n'a été, dans ce royaume, en 1844, que de 5,765,450 fr. 80 c. pour 559 kilomètres (1), ce qui ne don-

A reporter . . . 1,140,000 fr.

_____

(1) Nous divisons par 559 kilom., qui forment la longueur totale du chemin, quoiqu'il n'y ait en réalité que 597 kilom. de double voie; mais nous voulons supposer que l'entretien d'une voie simple, supportant un passage double, coûte autant que celui de deux voies. En refusant cette concession, nous aurions trouvé 14 fr. 52 c. au lieu de 10 fr 52 c.

Nous ferons observer encore que les frais de l'administration dirigeante, pour

Report . . . 1,140,000 fr.

ne, par mètre, que . . . . . 10 fr. 52

Nous nous réglerons sur ce prix, le plus faible qu'on ait encore pu obtenir en Belgique; seulement, nous ne saurions nous dispenser d'avoir égard à la différence de valeur du combustible.

Dans les 10 fr. 52 c. (la tonne de coak valant 24 fr 48 c.), le combustible entre pour 1 fr. 25 c. (1). Nous ne croyons pas que dans le département de la Haute-Marne on puisse raisonnablement évaluer la tonne de coak à moins de 54 à 55 fr. (2). Le prix de 1 fr. 25 c. par mètre courant devra donc être augmenté dans le rapport de 24 à 54, c'est-à-dire, d'environ 1 fr. 56 c. qui, ajoutés à 10 fr. 32 c., donnent 11 fr. 88 c., soit en nombre rond 12 fr.

La dépense de 12 fr. par mètre courant, appliquée à 200,000 mètres, produit . . . 2,400,000

4° La compagnie devra, aux termes de la

———————

A reporter . . . 3,540,000 fr.

un chemin de fer exploité par l'Etat, doivent être moins élevés que pour un chemin concédé. Car les hauts fonctionnaires de l'administration publique y concourent sans indemnité spéciale. Il y a donc lieu de croire que si le chemin de fer de Belgique eût appartenu à une compagnie, le prix de 10 fr. 52 c. aurait été dépassé.

(1) **28,656,510** kilogr. de coak, à 24 fr. 48 c. les 1,000 kilogr. pour 559 kilom. de chemin (pag. 58, 47 et III du compte rendu aux chambres belges par le ministre des travaux publics, le 19 février 1845).

(2) Généralement, le prix du coak est à celui de la houille avec laquelle on le fabrique ∷ 17 : 10. Le coak à 55 fr. suppose donc la houille à environ 52 fr. C'est un prix où elle descendra difficilement dans la Haute-Marne, à moins qu'on ne puisse l'y apporter par eau.

Report . . . 3,840,000 fr.

loi, rendre au gouvernement le dixième d'une
partie du prix des places des voyageurs . . *Mémoire.*
5° Impôt sur le domaine du chemin. . . *Mémoire.*

Dépense annuelle présumée, pour 200 kilomètres de chemin . . . . 3,840,000 fr.

Telle est la somme où devront monter les recettes du chemin de fer, avant que le capital engagé dans l'entreprise ne
produise aucun intérêt. N'oublions pas qu'il s'agit seulement
du capital, fourni par une compagnie à laquelle l'État accorderait une subvention gratuite de 50 millions.

Il faut maintenant savoir quel nombre de voyageurs et
quelle quantité de marchandises feront usage du chemin, et
apporteront leur contribution dans les caisses de la compagnie : après quoi seulement nous pourrons fixer le montant
de la quote-part à payer par chacun ; en d'autres termes, ar-
rêter un tarif.

La minorité de la commission de la chambre des députés a
bien eu la pensée de procéder ainsi ; mais, en réalité, elle ne
l'a point fait. Elle ne s'est point correctement rendu compte
des dépenses de la compagnie. Elle a supposé que ces dépenses seraient de 0 fr. 03 c. par voyageur, et de 0 fr. 06 c. par
tonne de marchandise, transportés à 1 kilomètre, et qu'ainsi
elles s'élèveraient ou s'abaisseraient d'une manière exactement
proportionnelle à la fréquentation. Là est le vice de son ar-
gumentation. La supposition qu'elle a faite, et qui est con-
forme à la vérité, pour certains exemples, devient fausse
quand on la généralise. Voyez où elle conduit, quand on l'applique au chemin de fer de Vitry à Gray :

76,650 voyageurs à 0 fr. 03 c. . . . 2,299 fr. 50 c.
96,000 t. de marchandises à 0 f. 06 c. 5,760 00

Total par kilomètre . . . 8,059 fr. 50 c.

Et pour 200 kilomètres . . . . 1,611,900 fr. 00

Ainsi, en prenant les éléments de calcul de la minorité, c'est à 1,611,900 francs qu'on devrait évaluer les dépenses totales annuelles du chemin de fer de Vitry à Gray. Or on a vu qu'elles s'élèveraient à environ 3,540,000 fr.

Et si nous admettions qu'ici, comme entre Charleroy et Bruxelles, comme entre Liége et Saint-Trond, le transport des grosses marchandises se partagera par moitié entre la grande route et le chemin de fer, celui-ci ne porterait plus que 48,000 tonnes. Alors, selon la minorité, les dépenses annuelles de la compagnie devraient tomber à 1,035,900 fr. tandis que, selon la vérité, elles descendraient difficilement à 3 millions (1).

La minorité de la commission, ayant pris la peine de déterminer les nombres de voyageurs et de tonnes de marchandises qui circuleront sur le chemin de fer de Vitry à Gray, nous lui emprunterons ces nombres; sans toutefois que cela implique reconnaissance de leur parfaite exactitude (2).

(1) Le combustible, qui forme la partie la plus variable des dépenses, n'est entré, dans nos évaluations, que pour 562,000 fr.

(2) Nous nous sommes livré à quelques recherches statistiques, touchant les voyageurs et les marchandises qui fréquentent aujourd'hui la route d'entre Vitry et Gray. En défalquant ce qui appartient à la ligne de Paris à Strasbourg, ou à celle de Paris à Mulhouse, nous sommes arrivé à des nombres sensiblement inférieurs à ceux que la minorité de la commission a cru devoir adopter. Nous ne croyons pas utile de donner ici le détail de ces arides recherches. Ce mémoire n'est déjà que trop rempli de chiffres. Nous admettons donc les nombres de la minorité, sauf discussion ultérieure, s'il y a lieu.

Avec le tarif moyen adopté par la minorité de la commission pour le transport des voyageurs, tarif qui est de beaucoup supérieur au tarif belge (1), les voyageurs du chemin de fer de Vitry à Gray produiraient (page 135 du rapport)   4,982 fr. par kilomètre.

Les marchandises, tarifées toutes à 0 fr. 10 (2), rapporteraient.   9,600

Total par kilomètre.   .   .   14,582 fr.

et pour 200 kilomètres.   .   .   .   .   2,916,400 fr.

Cette somme est sensiblement inférieure à 3,540,000 fr.; et l'on voit que, loin de procurer un intérêt pour le capital engagé, elle ne suffirait même pas pour couvrir les dépenses annuelles sagement évaluées. Donc le tarif de 6 centimes 1[2 par voyageur et de 10 centimes par tonne de marchandises est insuffisant. Cependant on ne peut pas l'augmenter de beaucoup pour les voyageurs, car alors un grand nombre d'entre eux resteraient fidèles aux pataches du pays; et si on l'augmente pour les marchandises, on va renvoyer celles-ci au roulage. Comment donc sortir de là ?

Comment en sortir ? Nous l'avons déjà dit : il faut confesser la dette, et reconnaître franchement que le pays dont nous nous occupons ne réunit point les conditions nécessaires pour

(1) Détermination du tarif moyen en Belgique (rapport du 19 février 1845, du ministre aux chambres, page xxiii).

10 voyageurs 3/4	à 0,078 —	0 f. 84 c.
27	2/5 à 0,058 —	1 60
61	7/12 à 0,058 —	2 54

Total pour 100 voyageurs .   .   .   .   .   .   4 f. 78 c.
Et pour un voyageur à 1 kilom.   .   .   .   .   0 f. 048 c.
La moyenne, admise par la minorité de la commission, est de   0   065
(2) La minorité de la commission en a tarifé une partie à 0 fr. 06 c. seulement.

l'établissement d'un chemin de fer, du genre de celui qu'on projette.

Voudrait-on y substituer un chemin à une voie? Alors la dépense d'établissement sera beaucoup moindre. Bornons-la, si l'on veut, à 16 millions : c'est trop peu, mais n'importe.

Les fonds d'amortissement et de réserve seront réduits de moitié, ci.. . . . . 570,000 fr.

Nous avons appris qu'en Belgique l'entretien des parties à une seule voie, ne coûte pas sensiblement moins cher que celui des parties à deux voies; il faut y travailler sans cesse; on y a besoin du même personnel, ou à peu près; le matériel du chemin s'use beaucoup plus rapidement... Il y a donc lieu de conserver intégralement cet article de dépense, ci... 2,400,000

Total. . . . . 2,970,000 fr.

On voit que la dépense annuelle dépasserait encore une recette de 14,582 fr. par kilomètre, déjà supérieure elle-même à celle où arrivait la minorité de la commission.

Ainsi, soit que l'on suppose deux voies, soit qu'on s'arrête à une seule, il y aura nécessité d'augmenter le tarif adopté dans les calculs de la minorité.

Un chemin de fer à simple voie et à rails plus légers, pourra peut-être s'établir sur les contre-digues d'un canal qui aurait exécuté d'avance les travaux de terrasse. Il porterait les voyageurs, leurs bagages, les marchandises de prix, et parfois quelques grosses marchandises dont le transport serait pressé. Je ne sais s'il offrirait matière à une spéculation bien avantageuse; mais, au moyen d'une subvention de l'État ou du département, on arriverait, je le présume, à quelque résultat satisfaisant. Je n'ai fait aucun calcul relatif à cette combinaison, et je l'indique par le seul motif que je désire vivement qu'elle soit susceptible de réussir (1).

§ 2. *Canal.*

Nous croyons inutile d'aller plus loin pour ce qui regarde le chemin de fer.

Il faut maintenant considérer le canal, en nous plaçant au même point de vue; c'est-à-dire, que nous le supposerons exécuté par une compagnie, subventionnée de 50 millions, et imposant au commerce, exactement les mêmes charges que la compagnie du rail-way.

Nous n'approuvons point cette manière de faire; et nous avons dit pourquoi, selon nous, le gouvernement doit favoriser davantage le transport des grosses marchandises. Mais nos honorables adversaires ont voulu choisir les armes, et nous les avons acceptées.

Le canal projeté aurait 226 kilomètres de longueur.

Il coûterait.. . . . . 55 millions.

Le gouvernement contribuerait aux dépenses pour. . . . . 50 millions.

Une compagnie concessionnaire fournirait. . . . . 25 millions.

En supposant que l'exécution des travaux demandât six ans, il faudrait ajouter trois années d'intérêt : soit, en nombre rond. . 4 millions.

Somme totale à débourser par la compagnie. . . . . 29 millions.

(1) Les canaux ne repoussent point les chemins de fer, parce qu'ils ne prétendent pas empiéter sur les attributions naturelles de ceux-ci. Les chemins de fer demandent au contraire la proscription des canaux, parce qu'ils veulent accaparer tous les transports, et qu'on soit forcé de les charger d'un travail qu'ils savent bien que les canaux feraient à meilleur marché. Ce simple rapprochement doit donner à réfléchir.

Les produits devront pourvoir :

1° Au service de l'amortissement (1 p. 0/0).   290,000 fr.

Nota. Nous n'avons point de réserve à créer, puisqu'il n'y a ni matériel, ni voies à renouveler, et que, dans le cas du chemin de fer, nous n'avons point parlé de réserve destinée à la reconstruction des ouvrages d'art.

2° A l'entretien du canal, évalué par la commission à 2 fr. par mètre courant.   .   .   .   452,000

3° Au payement de l'impôt, s'il y a lieu,   *Mémoire.*

Dépense annuelle présumée, pour 226 kilomètres de canal.   .   .   .   .   742,000 fr.

La minorité de la commission donne au canal, comme au chemin de fer, 96,000 tonnes à transporter.

Dans le cas du chemin de fer, les marchandises arrivant à Gray par eau y devront supporter des frais de déchargement, de rechargement, d'entrepôt et de commission, dont elles seront exemptes dans le cas du canal (1). Mais, dans ce dernier cas, la charge dont nous parlons sera remplacée par un excédant de 26 kilomètres sur la longueur du chemin. Nous supposerons que ces deux inconvénients se compensent à peu près. Dès lors, toutes choses seront égalisées pour le commerce, si le transport de la marchandise en bateau lui revient à 0 fr. 10 par tonne et par kilomètre.

Nous avons vu (page 49) que les bateliers (tous droits de navigation à part) pouvaient très-facilement entreprendre les transports sur un canal à eau tranquille, moyennant 0 fr. 045 par tonne et par kilomètre. La compagnie pourra donc, sans

(1) Ces maniements, incommodes et onéreux pour le commerce, auraient lieu deux fois dans le cas du chemin de fer : à Gray ou à Vitry, et à la station de départ ou d'arrivée. Ils ne se feront qu'une fois dans le cas du canal.

être plus écrasante pour le commerce, que ne le serait le chemin de fer, prélever un droit de 8 centimes 1/2 par tonne et par kilomètre, ce qui produira, pour 96,000 tonnes à 226 kilomètres. . . . . 1,844,160 fr.

A cela, il faut ajouter le produit de la pêche, celui de la culture des francs bords, l'élagage d'environ 200,000 pieds d'arbres, le loyer de certaines places sur les ports; produits qui, pour un canal de 226 kilomètres, s'élèveront probablement à plus de 100,000 francs par année, ci. 100,000

Enfin le corps des arbres, qui fera rentrer tous les vingt ans un capital d'environ 2 millions, ci. . . . . *Mémoire.*

Total des produits. . . . . 1,944,160 fr.

Si l'on en retranche le montant des dépenses annuelles. 742,000

Il restera, en produit net. . . . . 1,202,160 fr.

ou 4/15 pour 0/0 du capital dépensé par la compagnie.

§ 3. *Conséquence des §§ 1 et 2, et réflexions concernant les tarifs.*

Ainsi se trouve démontrée cette proposition, que, sur la route à grosses marchandises dont nous nous occupons ici, une compagnie travaillant aux conditions indiquées par la minorité, trouverait beaucoup plus de profit à exécuter un canal qu'un chemin de fer. Pour m'exprimer plus correctement, la compagnie du rail-way se ruinerait, et l'autre ferait une entreprise profitable. C'est principalement l'absence d'un grand courant de voyageurs dans cette direction, qui est cause d'un pareil résultat. (Voir plus loin, pages 78 et 79.)

Mais l'égalité entre les services rendus par le canal et par le chemin de fer ne nous satisferait point. Le canal est en état d'en rendre de plus grands : on doit vouloir qu'il le fasse ; et le commerce ne nous paraîtrait point convenablement secouru par les conditions sur lesquelles nous venons de raisonner.

Un impôt de 8 centimes 1/2 par tonne et par kilomètre, levé sur la cargaison des bateaux, bien qu'il fût inférieur au tarif du canal de Saint-Denis et à celui du canal de Givors, nous semblerait néanmoins excessif. Écraser la navigation par de lourds tarifs, c'est tuer la poule aux œufs d'or.

Qu'on me permette de donner un exemple de l'heureux effet des impôts modérés :

En disant, dans le chapitre IV, qu'après l'amélioration du canal de Saint-Quentin et de la rivière d'Oise, les transports par eau entre Paris et le Nord avaient pris soudainement une très-grande activité, nous ne donnions qu'une des raisons de ce fait remarquable. Il y en a deux autres ; et la modération du tarif des droits sur le canal de l'Oise n'a peut-être pas été la moins efficace. Ils ne s'élèvent qu'à 0 fr. 725 par tonne, pour 152 kilomètres. Lorsque ce tarif fut proposé, il souleva des objections ; on craignait qu'il ne produisît qu'une recette insignifiante. On finit cependant par l'adopter. Après ce sage acquiescement, on a vu le poids transporté, qui n'était précédemment que de 60 à 70 mille tonnes, s'élever, en moins de rien, à 500, 600 et 700 mille tonnes. Si bien que ce produit, qu'on s'imaginait devoir être à peine capable de couvrir les frais d'entretien, paye aujourd'hui : l'intérêt à 6 p. 0/0 du capital emprunté, la prime, l'amortissement, les travaux annuels ; et qu'en dessus de tout cela, il se trouve encore un beau dividende à partager entre les actionnaires.

Que cette leçon ne soit point perdue, et que nos yeux ne se ferment point à la lumière ! Si le tarif de l'Oise était fixé à 8 centimes 1/2, ce serait une ligne fermée, et l'on y chercherait les bateaux. La foule de ceux qu'on y voit maintenant s'augmentera encore, si, après la fin de la concession du canal de Saint-Quentin, on a la sagesse de réduire de moitié le tarif de ce canal, qui n'est pourtant que de 0 fr. 02 (1).

Lorsque la minorité a dit (page 133 du rapport fait à la chambre des députés) « que les capitaux engagés dans la navi- « gation intérieure ne sont productifs d'intérêt que par la voie « indirecte, et que le canal de la Marne à la Saône ne produira « pas d'intérêts; » c'est qu'elle n'avait point fait convenablement les calculs d'appréciation dont nous parlions tout à l'heure, et qu'elle ne songeait, ni au canal de Saint-Quentin, ni au canal de l'Oise, ni au canal du Midi, ni au canal de Charleroy, ni au canal de Mons à Condé, ni au canal de la Sensée, ni à une foule d'autres; c'est encore, qu'elle oubliait les imperfections des lignes vers lesquelles se portait sa pensée; c'est, enfin, qu'elle ne considérait pas assez la position particulière du pays d'entre la Haute-Marne et la Haute-Saône.

Si les deux motifs, par lesquels nous avons expliqué l'activité de la navigation entre Paris et le Nord, eussent été seuls, ils n'auraient point occasionné le changement rapide dont nous avons été témoins. Une troisième condition était nécessaire : c'était que le commerce fût en souffrance. Tant de houille, tant de pierres de taille, tant de grains, ne se seraient point mis en marche du jour au lendemain sans des besoins préexistants. Ces besoins ne pouvant pas être satisfaits, moyennant les sacrifices qu'on était en état de supporter, il fallait que l'on se privât; et l'on se privait.

Tel est aujourd'hui l'état de la Haute-Marne. On y consomme annuellement 50,000 tonnes de houille, et l'on aurait, dit-on, besoin d'y en consommer 200,000. Mais au prix où

_____

(1) Ce que l'on percevrait peut-être de moins entre Cambrai et Chauny, les nouveaux bateaux le rendraient sur l'Oise et sur l'Escaut; ainsi le fisc n'y perdrait rien.

On devrait bien aussi racheter l'impôt excessif qui se perçoit aux écluses de Fresnes et d'Iwuy.

elle est, on n'ose point en acheter; et tous les établissements métallurgiques de ce pays sont dans une situation gênée, digne de toute la sollicitude du gouvernement et des chambres. Faites suffisamment baisser le prix, et demain vous verrez arriver les 200,000 tonnes. J'ai entendu dire qu'une réduction de 2/5 sur le prix actuel pourrait avoir cette conséquence (1).

Châteauvilain, Dancevoire et toutes les usines des environs, s'approvisionneraient alors de houille à Langres, à Humes ou à Chaumont; Ecot, Rimeaucourt et les nombreuses forges du Rognon, la prendraient aux ports de Donjeux ou de Chaumont; celles de la Blaise et du Rongeant, au port de Joinville; celles d'auprès de Vassy, à Saint-Dizier; Osne-le-Val, à Curel, etc. On ne peut pas faire que le canal, ni quelque route que ce soit, passe devant toutes les portes; mais chaque localité sera servie aussi bien que sa position le permettra. C'est là tout ce que l'intérêt public et l'intérêt particulier peuvent raisonnablement souhaiter et demander.

Un droit de navigation de 0 fr. 085, qui correspondrait à un droit de 0 fr. 10 sur le rail-way, serait, avons-nous dit, déraisonnable à nos yeux. Le chemin de fer ne peut pas travailler au-dessous de 0 fr. 10, ni même à 0 fr. 10; mais le canal, qui n'a ni un nombreux personnel, ni aucun matériel à entretenir, et dont les dépenses ne seront pas augmentées par un surcroît de circulation, peut très-bien se restreindre à moins de 8 centimes et demi. 2 centimes suffiront si, comme on le dit et comme je le crois, ce bas tarif doit attirer dans la Haute-Marne 5 ou 6 fois plus de houille qu'aujourd'hui, et,

---

(1) Aujourd'hui, le prix de la houille de Saint-Etienne est de 50 fr., dans les environs de Saint-Dizier. Là dedans, le transport depuis Gray, entre pour 28 fr. Il faudra, pour obtenir un abaissement de $\frac{2}{5}$ sur les 50 fr., que le transport de la houille, de Gray à Saint-Dizier, ne coûte désormais que 8 fr. Il y a 197 kilomètres : le prix futur devrait donc être de $\frac{8}{197} = 0$ fr. 04 c. par kilom. Ce résultat sera obtenu par un droit de 25 millimes, ajouté aux 15 millimes du batelier.

par suite, faire confier aux bateaux en retour, beaucoup plus de fer et de fonte qu'il ne s'en fabrique actuellement dans le pays.

Si l'État exécute à ses frais le canal entier, je serais d'avis qu'il se contentât d'un droit de navigation de 1/2 centime par tonne et par kilomètre, et qu'il ne demandât rien aux bateaux vides. Avec ce droit, et un mouvement général et local de 500,000 tonnes, les dépenses annuelles seraient couvertes (1).

S'il concède le canal à une compagnie, en l'aidant par une subvention de 30 millions, un tarif maximum de 0 fr. 020 par tonne et par kilomètre sur les bateaux chargés, et de 0 fr. 005 sur le tonnage des bateaux vides (2), indemniserait celle-ci convenablement. En supposant, comme tout à l'heure, une circulation de 500,000 tonnes, il resterait à la compagnie, en sus de l'amortissement, un intérêt de près de 4 p. 0/0, et la valeur des arbres en dehors.

(1) J'ai entendu un ingénieur des mines, évaluer à 500,000 tonnes le poids, en houilles, fers, fontes, minerai, castine, pierres, etc., que le commerce du pays pourrait faire transporter par le canal. Ce n'était qu'un aperçu, et je n'oserais point établir un calcul là-dessus ; mais en comptant les marchandises de passage, dont la quantité, je crois, deviendra considérable, j'ose bien espérer un mouvement total de 500,000 tonnes. Les vins de Bourgogne envoyés dans le Nord, formeront seuls un très-gros article ; les bois de charpente, un autre, etc.

Si, au lieu du bas tarif que nous indiquons, on en adoptait un plus élevé, la quantité de marchandises diminuerait à mesure que le tarif monterait ; et s'il montait enfin jusqu'à 8 ou 10 centimes, le canal ne porterait pas même ce que porte aujourd'hui la grande route.

(2) C'est le tarif actuel du canal de Saint-Quentin, où il circule 6 à 700,000 tonnes. Sur l'Oise, où le tarif ne s'élève pas à 3/4 de centime, la circulation est de 780 à 800,000 tonnes.

CHAPITRE VI.

Considérations générales et résumé.

Ne perdons point de vue les deux motifs pour lesquels on cherche à ouvrir une voie nouvelle de communication entre la vallée de la Haute-Marne et celle de la Haute-Saône.

On veut d'abord servir le commerce général du royaume, en rendant moins dispendieux le transport des productions diverses que nos départements méridionaux échangent avec nos départements du Nord. Les échanges dont nous parlons, bien qu'ils ne manquent pas d'activité, sont peu de chose en comparaison de ce qu'ils pourraient et devraient être. Les grandes routes actuelles, et la ligne de navigation traversant Paris, coûtent fort cher à parcourir, et l'on ne possède pas d'autres voies. On s'abstient donc; et les relations commerciales intérieures ne prennent point le développement dont elles seraient susceptibles.

L'autre considération, c'est que la Haute-Marne est le premier de nos départements pour la fabrication de la fonte, et contribue plus qu'aucun autre à déterminer le prix courant des fers sur les divers marchés du royaume. Mais son action modératrice est paralysée par la gêne où le tient le haut prix du combustible minéral. La houille y coûte 50 fr. les 1000 kilogrammes, à cause de la nécessité où l'on est de la faire venir par terre, de Gray ou de Pont-à-Mousson. On rendra donc un éminent service à tous les consommateurs de fer et de fonte, c'est-à-dire à la France entière, en créant une voie, la plus économique possible, pour conduire la houille dans le département de la Haute-Marne.

Chemin de fer.
Commerce général.

Gray, Vitry, et la route qui unit ces deux villes, sont situés sur une ligne assez directe, conduisant de la Franche-Comté vers la Flandre, ou, plus exactement, vers les cantons échelonnés depuis Vitry jusqu'en Flandre. Mais quand les localités dont il s'agit ne sont pas, l'une le point de départ, l'autre le point d'arrivée, la route de Vitry à Gray devient un chemin détourné que le roulage adopte rarement.

L'Alsace et la Lorraine ont des voies plus courtes pour communiquer avec la Franche-Comté, le Lyonnais et la Provence. La Flandre et la Picardie en ont pour gagner la Bourgogne et le Midi. Voilà pourquoi le pays d'entre Vitry et Gray n'est pas extrêmement fréquenté par le roulage de long cours. La grande circulation qu'on y remarque tient surtout à la consommation et à la production locales, desquelles nous ne parlons point dans ce paragraphe.

L'attrait du bon marché pourrait seul déterminer le commerce de passage à quitter ses directions habituelles et naturelles, pour venir chercher Gray et Vitry.

Un chemin de fer établi entre ces deux villes, n'effectuerait point les transports à meilleur compte que le chemin de fer de Dijon. Dès lors, toutes les marchandises venant du Midi, et destinées pour le Nord, quand elles voudront user d'une voie ferrée, prendront, soit à Châlon-sur-Saône, soit entre Dôle et Dijon, celle qui conduira de là vers Paris et le Nord. Prix pour prix, chemin de fer pour chemin de fer, elles préféreront le premier qui se présentera à elles, et ne feront point la dépense de remonter jusqu'à Gray pour en emprunter un, qui ne leur offrirait pas plus d'avantages que l'autre (1).

On ne voit donc aucune probabilité, pour que le chemin de fer de Vitry à Gray attire à lui d'autres marchandises de passage que celles qui suivent actuellement cette direction ; et considéré de la sorte, il ne satisferait point aux conditions de notre programme.

Considérons maintenant le commerce de la Haute-Marne en particulier. *Chemin de fer. Commerce local.*

Quelle est la cause des gémissements et des plaintes que l'industrie métallurgique fait entendre dans ce département ? Que lui faut-il ? Est-ce d'aller en une heure de Langres à Chaumont, et en deux heures 1/2 de Chaumont à Saint-Dizier ? Cela serait commode, utile, et se fera sans doute un jour ou l'autre ; mais le mal qui ronge les usines appelle un remède différent. La souffrance des forges ne sera guérie que lorsqu'on leur apportera le combustible minéral à bas prix. Lequel, du chemin de fer ou du canal, est le plus propre à leur rendre ce service ? Telle est la question du moment.

La route de Gray à Vitry est transversale aux grands courants commerciaux ; et, par cela seul qu'elle est transversale et qu'elle ne rencontre ni grandes villes, ni contrées qui soient en possession d'attirer les promeneurs sans affaires, le nombre des voyageurs n'y sera probablement jamais considérable. Alors le rail-way sera obligé de s'adresser à la marchandise pour obtenir d'elle le moyen de subsister : mais il devra en même temps lui offrir le bon marché. Ces deux conditions paraissent inconciliables dans le cas présent.

On aura beau faire, on n'empêchera pas que la compagnie

---

(1) Supposé qu'on voulût créer un rail-way particulier, pour les marchandises dirigées du Midi vers Langres, Metz et Nancy ; c'est de Dijon qu'il devrait partir. Gray et Vitry sont en dehors de cette direction.

du rail-way n'ait besoin, pour amortir son capital et pour couvrir ses dépenses journalières et éventuelles, d'un premier revenu d'environ. . . . . 3,540,000 fr.

Ensuite, il est juste et nécessaire que le capital employé rapporte intérêt; et, dans une entreprise de cette nature, 4 p. 0/0 sont un intérêt trop modéré. Le service de ce modique intérêt exigera néanmoins un revenu supplémentaire de. 1,280,000

Total. . . . . 4,820,000 fr.

ou 24,100 fr. par kilomètre (1); soit seulement. 24,000 fr.

La minorité de la commission des députés ne porte pas elle-même l'espérance qu'elle fonde sur les voyageurs, à plus de 4,982 fr.; soit. - . . 5,000

La marchandise aura donc à payer. . . . 19,000 fr.

En d'autres termes : elle devra fournir, dans la recette to-

---

(1) La recette du chemin d'Orléans s'est élevée, en 1844, à 50,000 f. par kilom. Celle du chemin de Rouen, à 46,000 fr., ce qui a permis de distribuer aux actionnaires des intérêts de 6 à 8 p. 0/0. Il est évident que cette prospérité croîtra encore.

De là l'espèce de délire qui s'est emparé de tant de cerveaux ; comme si tous les chemins de fer étaient placés de manière à obtenir de pareils revenus.

La recette annuelle du chemin de fer de Belgique n'a point encore dépassé 20,090 fr. par kilomètre.

Quoique l'exécution de ce chemin ait été, de la part de la nation belge, une opération merveilleuse, qui l'a déjà enrichie, qui l'enrichira encore, par mille produits indirects ; la même opération aurait ruiné une compagnie concessionnaire : car, en ajoutant aux dépenses annuelles, qui sont de 5,765,450 fr., la somme nécessaire, 1° pour l'amortissement; 2° pour le renouvellement du matériel, il ne resterait aucun intérêt pour le capital dépensé (Voir la préface).

tale du chemin. . . . . 79 pour 0/0.

En Belgique ; la marchandise, *et tout ce qui n'est point la personne des voyageurs*, ne contribuent, dans les recettes du chemin de fer, que pour. . . . . 45 pour 0/0.

Chemin de fer de Paris à Rouen. . . . 40 pour 0/0.

Chemin de fer de Paris à Orléans. . . . 54 pour 0/0.

Or, une compagnie exploitant un chemin de fer, bénéficie beaucoup plus sur le transport des voyageurs que sur celui des marchandises : 100 voyageurs qui, à 0 fr. 065, payent 6 fr. 50, ne pèsent ensemble qu'environ. . . . . . 6 tonnes, tandis qu'à 0 fr. 10 par tonne de marchandise, il faudra, pour obtenir la même recette, transporter 65 tonnes.

Aux prix que nous venons de citer, et qui sont ceux du tarif adopté par la minorité de la commission :

Un chemin qui transporterait 6,000 tonnes, *tout en voyageurs*, percevrait, par kilomètre. . . . . 6,500 fr.;

Un chemin semblable qui transporterait 6,000 tonnes, *tout en marchandises*, ne percevrait que. . . 600 fr.;

et pourtant, à vitesse égale, les frais de traction et la fatigue du chemin seraient exactement les mêmes dans les deux cas.

Lors donc que le voyageur abonde, une compagnie peut lâcher quelque chose sur le tarif de la marchandise ; mais quand le voyageur fait défaut, elle est obligée de hausser ce même tarif (1).

(1) Le transport des marchandises semble aussi donner lieu à plus de faux frais que le transport des hommes. L'expérience a montré que, généralement, les voyageurs sont aussi nombreux dans un sens que dans l'autre ; ils ne se consomment point là où on les conduit. Et, sauf quelques circonstances exceptionnelles, la compagnie sera payée pour aller, et payée pour revenir. On n'en saurait dire autant des marchandises ; les transports dans les deux sens ne se font presque jamais équilibre. Aussi les convois de wagons vides sont-ils une chose ordinaire ; ils sont indispensables, bien que les frais qu'ils occasionnent ne procurent aucune recette. Les cadres des chemins de Rouen et d'Orléans, après avoir amené vers Paris des troupeaux de bœufs, s'en vont à vide, en chercher

Voilà comment les tarifs, qui sont convenables pour les chemins de fer de Belgique, de Rouen et d'Orléans, ne sauraient suffire pour la ligne de Vitry à Gray, laquelle n'est voisine ni de Paris, ni de Bruxelles, ni d'aucun lieu attirant un grand concours de voyageurs.

Prenant l'hypothèse de la minorité de la commission, et attribuant, comme elle, une circulation de 96,000 tonnes (1) au chemin de fer de Vitry à Gray, on trouve que pour obtenir une recette de 19,000 fr. par kilomètre, le droit à payer par la marchandise devrait être porté à 0 fr. 20 par tonne; c'est-à-dire, s'élever bien au-dessus du prix moyen du roulage dans le pays.

Nous concluons de là que le chemin de fer de Vitry à Gray, inhabile à servir le commerce général du royaume, n'aurait pas plus de vertu pour servir l'industrie du département de la Haute-Marne; et qu'une compagnie honnête et prudente ne saurait y trouver, dans l'état actuel des choses, l'objet d'une spéculation raisonnable.

Canal. Commerce général.

Si, au lieu d'un chemin de fer, on met à exécution le canal projeté, en limitant le droit de navigation à un maximum de 0 fr. 025 par tonne et par kilomètre (compris retour à vide), voici ce qui arrivera :

Le transport d'une tonne de *grosses marchandises* remontant par la Saône, depuis Lyon jusqu'à l'embouchure du canal pro-

---

d'autres. Le rapport du ministre des travaux publics de Belgique nous apprend, qu'en 1844, Liége a expédié par le chemin de fer, 89,442 tonnes de grosses marchandises, et n'en a reçu que 15,786 ; Anvers a expédié 61,026 tonnes, et n'a reçu que 18,058 ; Bruxelles, au contraire, reçoit beaucoup et n'expédie presque rien. Notons aussi : que les voyageurs donnent des produits accessoires ; les marchandises point.

(1) Le nombre de 96,000 tonnes n'est adopté par nous, on le sait, qu'à titre d'hypothèse. Nous le croyons trop considérable; mais ce que nous disons de l'élévation obligée du tarif serait vrai *à fortiori*, si le nombre de tonnes était moindre.

jeté, coûte aujourd'hui. . . . . 8 fr. 50
   Traversée de ce canal : 226 kilom. à 0 fr. 04. . 9   04
   Descente de Vitry à Paris : 250 kilom. à 0 fr. 03
(prix exagéré, car c'est celui de la remonte de la
Saône). 7   50

   Ainsi, par le canal de la Marne à la Saône, le transport d'une tonne de grosses marchandises coûterait, depuis Lyon jusqu'à Paris, environ et au plus. . . . . 25 fr.

   De Lyon à Reims, il coûterait . . . . . 20 à 21
   De Lyon à Saint-Quentin. . . . . 27 à 28
   De Lyon à Amiens. . . . . 29 à 30
   De Lyon à Lille. . . . . 32 à 33
   De Lyon à Sedan. . . . . 25 à 26
   De Lyon à Nancy. . . . . 23 à 24
    Etc., etc.

   Tous ces prix supposent qu'au delà du canal de la Marne à la Saône, le droit de navigation n'excédera pas 0 fr. 02 par tonne et par kilomètre.

   Je n'établis point ici les différences qui existent entre eux et les prix actuels du transport, parce que je ne connais pas ces derniers avec assez d'exactitude. MM. les négociants pourront très-facilement faire la comparaison, et avoir ainsi la mesure du service que le canal de la Marne à la Saône serait capable de leur rendre si on l'exécutait.

   Voilà pour le commerce général : voici pour le commerce particulier :   *Canal. Commerce local.*

   Le transport d'une tonne de houille de Saint-Étienne, depuis Lyon jusqu'à Saint-Dizier, coûte, dans l'état actuel des choses, **56 fr. 50** (1), ci. . . . . 56 fr. 50

---

(1) On a, de plus, à payer à Gray, le déchargement des bateaux, le chargement des voitures, et certains frais d'entrepôt et de commission. Nous n'en tenons point compte, parce que ces frais se retrouveront en partie sur les différents ports du canal, pour les usines près desquelles il ne passera point.

Report. . . . . . 56 fr. 50

Les frais de transport par bateau s'élèveront sur le canal (si le tarif y est de 0 fr. 025), à environ 0 fr. 04 par kilom.; ce qui, pour 197 kilom., depuis la Saône jusqu'à Saint-Dizier, donnera 7 fr. 88, à quoi ajoutant 8 fr. 50 pour le transport sur la Saône, on obtient en nombre rond. 16 50

Diminution sur le prix d'une tonne de *houille de Saint-Étienne*, rendue à Saint-Dizier. . . . 20 fr.

Si le droit sur la houille n'était que de 0 fr. 005, l'abaissement de prix obtenu serait d'environ. . . . . . 24 fr.

Le transport d'une tonne de houille, depuis Saarbrück jusqu'à Saint-Dizier, revient aujourd'hui à 37 ou 38 fr., soit. . . . . 37 fr. 00

Le canal qu'on doit exécuter entre Saarbrück et Nancy, et le canal de la Marne à la Saône, étant supposés faits, la houille coûtera, pour transport de Saarbrück à Saint-Dizier (338 kilom. à 0 fr. 04), environ. 13 50

Diminution sur le prix d'une tonne de *houille de Saarbrück*, rendue à Saint-Dizier. . . . . . 23 fr. 50

A mesure qu'on remontera la vallée, le prix de la houille de Saint-Étienne diminuera, celui de la houille de Saarbrück augmentera; de manière qu'on peut considérer l'équilibre actuel comme maintenu entre les deux espèces de houille.

Les usines de la Haute-Marne ne font pas habituellement usage des houilles d'Anzin, de Mons ni de Charleroy; il faudrait les aller chercher trop loin par terre; mais ces houilles arriveraient par eau, si le canal de la Marne à la Saône existait. Le transport coûterait alors jusqu'à Saint-Dizier :

Pour les houilles de l'Escaut (400 kilom.) environ 14 fr.
   —— ·   de Mons (426 kil.). . — 14 à 15 fr.
   ——   de Charleroy (442 kil.) — 15 à 16 fr.
   ——   de Liége (1) (452 kil.) — 15 à 16 fr.

Les rivalités entre les différentes houillères, et la concurrence entre les bateliers, feront disparaître ces légères différences de prix. C'est ainsi qu'on voit les houilles de Valenciennes, de Mons et de Charleroy se balancer les unes les autres à Paris. D'ailleurs, les qualités sont diverses, et tel charbon, qui serait moins propre pour le service de telle usine, sera le meilleur pour telle autre.

Si donc la Marne était unie à la Saône par une voie navigable, le département de la Haute-Marne recevrait de la houille de cinq ou six pays différents ; et ce combustible, qui y revient aujourd'hui à 50 francs par tonne de 1,000 kilogrammes, n'y reviendrait désormais qu'à environ 27 ou 30 francs. Alors le coak y vaudrait de 46 à 51 francs.

A ce prix, on en ferait un grand usage pour la fusion du minerai. L'industrie du pays, réveillée et renouvelée, subirait la plus heureuse révolution. Pouvant atteindre au prix du combustible, et servie à la fois par la Prusse, par la Belgique

(1) Cela suppose qu'on puisse naviguer facilement dans la vallée de la Meuse.

Jusqu'à présent, la Belgique n'a rien entrepris de complet, pour obtenir une navigation commode et sûre, depuis Liége jusqu'à la frontière de France ; mais il est impossible qu'une administration aussi éclairée que celle de ce royaume, sur la valeur des bonnes voies de communication, et qui est d'ailleurs secondée par tant d'habiles ingénieurs, ne continue point les travaux, que la France aura bientôt achevés jusqu'à la frontière.

La Belgique, comme centre de production, et comme lieu de passage vers la Hollande, est beaucoup plus intéressée encore que nous dans cette affaire. Si nous avons besoin d'acheter ses houilles et son coak, elle a, de son côté, besoin de les vendre.

et par les houillères françaises de Saint-Étienne et des bords de l'Escaut, elle ne craindrait plus la concurrence étrangère pour la fabrication des fers et des fontes.

Ce n'est plus 30 mille tonnes de houille qu'on apporterait dans le département de la Haute-Marne; ce n'est plus 48 mille tonnes de fonte et 22 mille (1) tonnes de fer qu'on y fabriquerait.

Avec la seule économie obtenue sur l'importation ou l'exportation des quantités qu'on importe ou qu'on exporte aujourd'hui, on pourrait se procurer 40 à 50 mille tonnes de nouvelle houille pour la conversion de la fonte.

On envoie maintenant des fontes de la Haute-Marne dans le département de la Loire, et même jusqu'à Alais, où on les convertit en fer. Le haut prix de la houille a fait renoncer plusieurs maîtres de forge à effectuer eux-mêmes cette opération, et ils ont éteint une partie de leurs feux de forge. Il les rallumeraient, si le prix de la houille, dans leur pays, s'abaissait de 20 francs par tonne.

Mais l'article le plus important des nouveaux transports, il paraît que ce sera le coak, ou la houille à convertir en coak. Il serait employé, concurremment avec le charbon de bois, pour la fusion du minerai. C'est principalement là-dessus que j'ai vu MM. les ingénieurs des mines asseoir de grandes espérances; également les propriétaires de hauts fourneaux.

Toutes ces augmentations de poids à transporter, on les espérerait en vain, si l'on grevait les transports d'un impôt de 0 fr. 10 c. ou davantage, par tonne et par kilomètre. Mais avec un droit de navigation de 2 c. et demi, on les obtiendra; et le poids de 96,000 tonnes, sur lequel on a tort de compter dans la supposition des 10 centimes, sera, selon toute apparence, plus que triplé dans la supposition de 2 centimes et demi.

(1) Compte rendu des travaux des ingénieurs des mines, en 1843.

Nous prions qu'on veuille bien se souvenir de l'exemple du tarif de l'Oise, dont nous avons parlé page 71.

Nous n'entrerons point dans d'autres explications. Ce Mémoire a déjà pris beaucoup d'étendue. Il est temps de le terminer.

Les conseils généraux de plusieurs départements, les préfets, les chambres de commerce, ont demandé l'établissement d'une voie économique de transport entre la Marne et la Saône. Conclusion.

Le gouvernement a reconnu que l'établissement dont il s'agit était en effet nécessaire.

La commission de la chambre des députés l'a reconnu également, à l'unanimité.

Ce point de départ n'est mis en question par personne.

Le gouvernement a pensé que la voie à créer devait être un canal navigable.

La majorité de la commission de la chambre des députés a été du même avis.

Mais la minorité a exprimé sa préférence en faveur d'un chemin de fer.

Pendant la dernière session législative, le gouvernement a demandé à la chambre des députés le crédit dont il avait besoin pour exécuter d'abord un tiers de la longueur du canal.

La majorité de la commission a proposé d'élever le crédit jusqu'à la somme nécessaire pour en exécuter la moitié, et le gouvernement a consenti à cette modification du projet de loi.

Une nouvelle session s'ouvre en ce moment, et la question, débattue dans la commission de la chambre des députés, va être soumise au jugement de la chambre entière.

En cherchant à démontrer que l'opinion, opposée à celle du gouvernement et de la majorité de la commission, n'est pas appuyée sur de bonnes raisons, nous avons en outre tâché de faire voir que ce n'est point une fraction du canal de la Marne à la Saône, mais l'ouvrage entier qu'il faudrait entreprendre dès maintenant.

Nous croyons qu'il y a urgence, et que l'on devrait, pendant la session actuelle, prendre quelque mesure pour assurer tous les fonds que l'exécution du canal exigera.

FIN.

Paris. — Typ. SCHNEIDER ET LANGRAND, rue d'Erfurth, 1.